U0782700

新励成

企业文化

理念手册

赵璧　编著

中国青年出版社

图书在版编目（CIP）数据

新励成企业文化理念手册 / 赵璧编著 . — 北京：
中国青年出版社，2024. 10. — ISBN 978 - 7 - 5153
- 7502 - 1

Ⅰ. F279.245-62

中国国家版本馆 CIP 数据核字第 202452UP73 号

责任编辑：彭岩
出版发行：中国青年出版社
社　　址：北京市东城区东四十二条 21 号
网　　址：www.cyp.com.cn
编辑中心：010 - 57350407
营销中心：010 - 57350370
经　　销：新华书店
印　　刷：中煤（北京）印务有限公司印刷
规　　格：880mm × 1230mm　1/32
印　　张：5.5
字　　数：100 千字
版　　次：2024 年 10 月北京第 1 版
印　　次：2024 年 10 月北京第 1 次印刷
定　　价：40.00 元

如有印装质量问题，请凭购书发票与质检部联系调换。
联系电话：010 - 57350337

忠诚与敬业

□ 颜永平

　　大家都知道，企业文化是指一个企业内部的价值观、理念、习惯和行为准则的总和，它影响着企业的经营、发展和员工的行为。企业文化可以帮助企业建立良好的员工关系，提高员工的凝聚力和归属感，从而增强企业的竞争力。企业文化的内容主要有：价值观——企业需要明确自己的价值观，包括对员工的态度、对客户的态度，以及对社会的态度等；企业理念——企业需要确定自己的企业理念，包括企业的发展目标、愿景和使命等；企业行为准则——企业需要制定一系列的行为准则，包括员工的行为准则、客户的行为准则等；企业形象——企业需要确定自己的企业形象，包括企业的品牌形象、产品形象等；企业文化氛围——企业需要营造一个良好的企业文化氛围，包括员工之间的互动方式、员工对企业的忠诚度等。

　　在当今的市场经济大潮中，"打工"一词的出现频率很高，打工不可怕，可怕的是一种心态在蔓延。为企业的工作只是挣钱谋生的手段，人们对自己的工作没有应有的热情，对企业更谈不上忠诚，自然也就没有主动性可言了。

忠诚首先是一种道德上的美德。《把信送给加西亚》中说："一丁点儿的忠诚抵得上一大堆的智慧"。对企业的忠诚和敬业也是对自己能力的信任。如果说，生命使人们前途光明，团结使人们宽容，脚踏实地使人们现实，那么深厚的忠诚感就会使人生正直而有意义。

忠诚和敬业的最大受益者是自己，因为一种对事业高度的责任感和忠诚感一旦养成之后，会让你成为一个值得信赖的人，可以被委以重任的人，这种人永远不会失业。其实一个人能力的大小，知识只占了20%，技能占了40%，态度也占到40%。而一个人最重要的态度之一就是忠诚。一定要有360度的口碑，也就是说，当你的上司、同事、部属、客户都很信任你的时候，你就真正具有了事业成功的口碑。而那些喜欢终日抱怨的人，即使独立创业，也没有办法获得成功。如果你抱有这种忠诚、敬业的精神，即使在帮别人打工，也同样能够成就自己的事业，同样可以被信任并委以重任。

敬业爱岗，其实就是我们过去经常讲的主人翁精神，某种程度上，也是一种创业精神和奉献精神。奉献精神，从本质上讲，是个人为了某种更高的价值而自愿付出自己的部分权利和自由，如果这样理解，所谓的"奉献"就不会显得那么虚无缥缈和高不可攀了，它可以体现到我们工作、学习和生活的每一个细节中。

　　由此可见，忠诚与敬业的实质就是"自愿付出"，就是我们主动地为企业多做贡献。所以，我个人认为企业文化的核心，就是爱岗敬业，就是忠诚担当，就是不断地增强员工的主动性和责任感，这是非常重要的。我们所说的主动性应当体现在立足岗位成才，主动学习专业技能知识；主动掌握新的市场变化动态，主动勇于担当、甘于付出，主动树立——"企业兴旺、我的责任"的使命感。

　　人生就是一个大舞台，谁都渴望成为舞台上星光夺目的主角。但是成功不是等来的，它永远不会给那些牢骚满腹、怨天尤人、愤愤不平、碌碌无为的人。成功永远只钟情于那些拥有忠诚、机智、认真负责、充满活力、足智多谋、坚持不懈和勤奋进取、爱岗敬业的人。

　　一个企业的希望与前途取决于企业领袖及从业人员的综合素质，我们将企业家分为三大类型：一种是平庸的企业家，一种是聪明的企业家，一种是优秀杰出的企业家。所谓平庸的企业家，就是坐等商机，坐等市场；所谓聪明的企业家，就是捕捉商机，满足市场；所谓优秀杰出的企业家就是打造好企业文化，创造商机，开拓市场。

　　大家都知道，社会的发展依靠三种力量：经济力、政治力、文化力。其中经济是基础，政治是保证，文化是动力。企业的发展也必须依靠着三种力量。经济是物质的，是硬件和资金。政治是国家政策层面的，提供保护与保障，企业文化则是企业的灵魂、核心竞争力和精神支柱，这已被世界上绝大多数成功企业所认同。

企业文化力的完整构造应当由五大元素构成：品牌、人才、文化、管理、服务。可以用我们中国传统文化中的五行学说——金、木、水、火、土——进行类比。

金：品牌是企业的命根子，是企业的财富。

木：而品牌是人创造的，是企业的长青之树。

水：你希望你的企业像常青树一样参天吗？那么，你就要用文化之水来浇灌。

火：品牌是需要拓展推动的，向管理要效益，构成了企业不绝的原动力。

土：厚德载物，根留社会，文化服务提供品牌滋生的广袤基础。

目前，我国的民营企业已经占到全国企业总数的 92% 以上，民营经济已经成为我们党长期执政、团结带领全国人民实现"两个一百年"奋斗目标和中华民族伟大复兴中国梦的重要力量。企业家要带领企业战胜当前的困难，走向更辉煌的未来，就要在爱国、创新、诚信、社会责任等方面不断提升和打造自己的企业文化，努力成为新时代推动高质量发展的生力军。

值得注意的是，个别企业主急功近利，一味追求利润、业绩和市场空间，不惜消耗性地使用人力资源，结果得不偿失，造成员工也消耗性地利用企业。有些员工甚至认为，他与企业之间就是互相利用的关系，对工作没有激情，对企业没有忠诚度，对企业的长远发展也漠不关心。所以，企业要学会培养性地使用人才，要学会对每个人内心的揣摩和分析，更要学会用企业文化来管理企业，留住人才，要关注员工需求，尊重员工、尊重核心团队、建立有效的责权利分配机制，给员工创造发展的空间，创造切切实实的愿景，也创造迸发激情的机会和企业的文化氛围。

新励成教育科技有限公司成立于 2005 年，19 年来，新励成专注于以演讲、沟通为核心的口才类成人软实力培训业务。从刚开始成立仅有几人，到如今，有员工 500 余名，累计在全国 80 座城市开设 110 余家直营 / 加盟学训中心；累计培养 300 余位讲师；累计为 26 万余人次提供口才、演讲等方面培训。新励成在多年的企业经营中，不断持续进行研究开发与技术成果转化，最终形成企业核心自主知识产权，成为教培行业为数不多的高新企业、专精特新企业。2024 年，经过国际知名调研机构弗若斯特沙利文（Frost & Sullivan，以下简称"沙利文"）的严格评估与认证，新励成获得"中国演讲口才培训行业用户规模第一"的殊荣。所有荣誉的背后，与新励成一直以来高度重视企业文化建设密不可分。

新励成教育科技有限公司在过去的 19 年里，始终坚定不移地致力于企业文化的塑造与实践，这些经验告诉我们：企业文化是企业对外展示形象的重要窗口，通过企业文化可以提升企业的社会知名度和品牌形象。良好的企业文化能够激励员工积极工作，提高工作效率和创造力，从而推动企业的持续健康发展。企业文化是企业的精神财富，通过文化的传承，可以使企业的核心价值观念得以延续和发展。企业文化是企业持续发展的重要基石，对于提升企业的核心竞争力具有不可替代的作用。

一花独放不是春，万紫千红春满园。为了更好地弘扬新时代的企业文化精神，打造基业长青的百年企业，新励成始终秉承"成就个人，幸福家庭，和谐社会"的企业愿景与使命，毫无保留地将新励成19年来精心提炼的"九大理念"和"十六大行为准则"编印成册，于是就有了这本理论与实践相结合，故事与智慧相结合，案例与点评相结合，示范与实用相结合，理念与行为相结合的《新励成企业文化理念手册》。

本人从事企业文化的研究、实践与培训也有30多年了，去过上千家企业，辅导过数千名企业家。当我翻阅这本《新励成企业文化理念手册》时，很受启发，深受感动，倍受鼓舞。我认为这是一部新质生产力企业的特色之作，是一本推进高质量发展的代表之作，是每一个企业家值得一读的管理之作，是所有员工应该知道并做到的实操之作，也是社会各界人士了解和研究企业文化的参考之作。在此，我们诚挚地希望《新励成企业文化理念手册》能够成为读者的良师益友，帮助大家更好地理解企业文化的重要性和内涵。同时，对本书的全体作者的大爱付出、辛勤笔耕和智慧分享表示由衷的感谢和祝贺！

　　企业文化是企业的精神家园，企业文化是一首优美的诗篇，它讲述着企业的发展历程，承载着企业的信仰与追求。让我们携手共进，将企业文化融入日常工作和生活中，共同塑造一个和谐、积极、向上的企业环境。愿本书为我们的企业文化之旅增添智慧和力量，照亮前行的道路。

　　以此序，献给所有致力于企业文化建设的同人们。

2024 年 9 月 5 日

颜永平简介：

　　著名演讲家；

　　清华大学演讲口才课程原主讲人、国防定向生第二课堂导师；

　　中宣部、中央军委政治部、国务院国资委、全国总工会等 7 个部委举办的"时代新人说"全国演讲大赛总决赛评委；

　　中宣部"学习强国"平台《演讲艺术系列讲座》主讲人；

　　全国当代演讲教育事业杰出贡献奖；

　　全国演讲口才培训事业终身成就奖获得者；

　　北京演讲家文化传播中心秘书长；

　　复圣颜回第 83 代孙；

　　中国共产党新励成教育科技股份有限公司支部委员会书记。

目　录

九大理念

003　经营理念：力出一孔，利出一孔
　　　□　杨　超

009　服务理念：动机至善，私心了无
　　　□　吴晓健

017　管理理念：反求诸己，推功揽过
　　　□　薛万琪

022　合作理念：主动担责，协同高效
　　　□　张　龙

028　人才理念：基层员工看能力，中层员工看品德，
高层管理看价值观
　　　□　宋少洲

034　　创新理念：敢想敢干，超越现状
　　　　□　喻武芳

041　　执行理念：速度第一，完美第二
　　　　□　薛万琪

047　　产品理念：课比天大，精于自凿
　　　　□　张　龙

053　　学习理念：自成长，互赋能
　　　　□　贾晓雯

十六大行为准则

063　　敬畏制度，尊重流程
　　　　□　赵　烨

069　　品行就是通行证，绩效就是话语权
　　　　□　宋少洲

075　　凡事有交代，事事有回应
　　　　□　邓晓颖

082　过程就是奖励，管理就是服务
　　□　阴　妹

088　无私才能无畏，有为才能有威
　　□　吴晓健

094　基层要有饥饿感，中层要有危机感，高层要有使命感
　　□　赵　璧

100　板凳要坐十年冷，一生专注一件事
　　□　贾晓雯

107　受得了委屈，经得起诱惑，扛得住打击，放得下成功
　　□　梁梦宇

113　不指责、不抱怨、不说小话，有建议正面提出
　　□　吴美玲

119　一切为了前线，让听得见炮火的人做决策
　　□　赵　璧

123　自我驱动、自我学习、自我管理、自我批评的员工将
　　　被重用
　　　□　杨　超

130　讲真话，对事不对人，不做老好人
　　　□　李思雅

138　永远要相信，你做的事情别人一定都知道
　　　□　吴美玲

143　如果上级不采纳我的建议，我选择像军人一样无条件服从
　　　□　邓晓颖

148　沟通最差的境界就是不沟通，低效率的表现就是信息不对称
　　　□　赵　烨

154　如果希望企业对我"人"性化，我首先要做个企业化的"人"
　　　□　梁梦宇

九大理念

- 经营理念：

  力出一孔，利出一孔

- 服务理念：

  动机至善，私心了无

- 管理理念：

  反求诸己，推功揽过

- 合作理念：

  主动担责，协同高效

- 人才理念：

  基层员工看能力，中层员工看品德，
  高层管理看价值观

- 创新理念：

  敢想敢干，超越现状

- 执行理念：

  速度第一，完美第二

- 产品理念：

  课比天大，精于自凿

- 学习理念：

  自成长，互赋能

经营理念：

力出一孔，利出一孔

□ 杨 超

　　管仲乃是"利出一孔"理念的奠基人，在《管子·国蓄》中有这样的记载："利出于一孔者，其国无敌；出二孔者，其兵不诎；出三孔者，不可以举兵；出四孔者，其国必亡。"

　　由此可见，管仲主张"利出一孔"，意思是若给予人们获取利禄赏赐的途径仅有一条，那么国家将战无不胜；随着途径增多，国家利益所受损害越大，直至走向亡国。

　　管仲的"利出一孔"思想在当时的确具有较强的先导性，也为其他国家推行改革指明了方向。然而，这一思想在管仲改革的实施过程中却存在一定缺陷，且未能贯彻到底。管仲逝世后，包括"利出一孔"在内的诸多改革思想也随着齐国一同走向衰败。

在我看来，力出一孔，利出一孔可以从两个维度来看待、解读和借鉴。

首先，从企业的维度而言：应当是利出一孔、力出一孔。员工进入企业，许多人是为了自身的前途和收入，当然，也有人立志成为圣贤，但我们不能期望每个人都有如此追求。正如我们不能指望每个员工都是全能的，因为人与人之间存在差异。所以作为企业，应当让员工清楚如何能获得高收入、理想的职场地位以及荣耀。同时，企业和管理者从一开始就必须真心想要帮助员工成长，使他们在进入和离开企业时有所不同，在格局、思维、认知、能力等方面都有显著提升。这样一来，员工才会愿意将自己的精力、愿力和努力投入公司的目标和岗位上。我认为这便是企业的核心价值，为社会培养高质量人才，真正做到相聚时如一团烈火，分散时如满天繁星；真正做到从企业走出的员工，大多数人具备格局、担当、能力和温度，他们能够为社会做出贡献，产生强大的推动力。

其次，从个人的维度来看：这里更多的应是力出一孔、利出一孔。原因在于，**作为员工，必须将精力聚焦于核心业务和核心工作上，如此才能真正做到专业，为客户和公司创造价值。而且**

只有我们创造了价值，并持续、高效地创造价值，才能获得期望的利益、高收入和地位。这里的地位不仅是指在公司的职位，更重要的是一份认可。我之前职场中的一位领导曾说过一句话，至今对我影响深远，他说："做好一件事并非难事，真正困难的是持续做好一件事。"

咱们先以华为为例。1982 年，任总（华为创始人：任正非）从部队转业至深圳一家国有企业（南油集团）工作。不承想，就在这一年多的时间里，他遭遇了人生中的两次重大打击。1987 年，已过不惑之年的任正非破釜沉舟，借了启动资金来到深圳创业，创立了华为。公司初创时，什么业务都做，通过倒买倒卖赚取差价，只为能让公司生存下去，但是任总并没有因为资金问题而选择退缩。之后，攻克一个又一个难关后，在 20 世纪 90 年代华为终于自主研发出 C&C08 交换机，这一研发成果标志着华为拥有了自己的技术积累。

在之后的几年里，华为除了加大技术研发投入，还采用"农村包围城市"的销售战略，取得了成功，逐渐在市场中站稳脚跟。2008 年，华为被《商业周刊》评为全球十大最有影响力的公司；2012 年，华为成为全球第三大智能手机厂商……

我记得任总在为员工介绍企业愿景和塑造个人梦想时，操着一口地道的贵州式普通话说道："大家以后买房子，一定要买阳台大的，为什么嘞？因为以后你们赚的钱会很多，需要经常拿出来晒一下，不然容易发霉！"许多人初听可能觉得这只是个段子，但实际上是真正做到让员工看到自己在这里通过奋斗能够获得成长、地位和财富！人都是需要为自己而奋斗的，所以企业文化也必须充分考虑这一点，这是人性，激发人追求更高格局和理想是至关重要的，同时我们必须读懂人性！任总在识人和用人方面堪称高手！任总将大多数股份给予全体华为人，实现人人持股，而自己作为创始人却仅持有少部分股份，真正做到了利出一孔、力出一孔，从而激发了所有华为人战无不胜、天压不垮的战斗意志和战斗力，使华为成为中国民营企业 500 强第 1 名，位列世界 500 强第 96 名，更成为中华民族伟大复兴的践行者之一和中华民族的象征之一！

我们再来谈一下新励成。新励成有一个核心价值观：以学员为中心，以奋斗者为本！在此，咱们聊聊以奋斗者为本。**华为和新励成都将员工分为三类：**

一是普通劳动者；

二是奋斗者；

三是卓越奋斗者。

普通劳动者是给多少做多少，绝不多干，只考虑自身利益。

而奋斗者则不同，他们想着先高效地为客户和公司创造价值，最后自己便能获得想要的价值。卓越奋斗者是能够持续且高效地为客户创造价值的员工！

新励成的核心价值观是坚持将资源、机会和平台向卓越奋斗者倾斜。或许有人会认为这不公平，但这个世界本就没有绝对的公平可言。你努力、奋斗、强大了，世界就会公平；否则不努力、不奋斗，世界就不公平，而且一直不公平！只有这样，才能让那些懒惰、不奋斗、不作为、不以客户和学员为中心的人改变思维方式和习惯，真正让更多的人变得积极、向上、奋斗，并想着为客户、学员、公司和社会创造价值，进而推动团队、企业和社会变得更好！公司、社会乃至整个民族都需要不断进化，所以需要以卓越奋斗者为本，激发所有人的卓越奋斗精神和意志，才能做到利出一孔、力出一孔。新励成对这一文化的践行，我相信能帮助更多看到这一力量的员工、学员甚至非学员受到启发，进而发生改变。我作为新励成的企业文化官输出这个内容，是有价值的！

最后从员工这个维度来看力出一孔、利出一孔，它意味着员工只有将自己的时间和精力聚焦于核心业务，才能逐渐沉淀出真正的品质和价值；滴水穿石，靠的不仅是坚持，还有许多人未曾留意的聚焦！并非天生非凡，而是敢于非凡。2013年，新励成招聘了一个新员工，是河南人。插一句题外话，他在贵阳的酒量也是令我有所耳闻，刚到新励成时，他只是一个名不见经传的"小白"。我印象最深的是，他一开始讲课板书、签名的字都很难看，为了提升学员的课程效果，他逼迫自己练字，坚持了1000天，而且是每天不间断，请记住，是每天不间断！有一次在重庆上课，课后去吃夜宵，他就在路边摊练字，这一幕恰好被相机记录下来。看到这一幕，我内心的敬佩之情油然而生。以点可知面，以面可知体，所以最终他能成为新励成极具影响力的人物，成为影响力导师班总教练、新励成副总，他便是我非常敬佩的张龙讲师。他的经历充分印证了那句话：**哪有什么横空出世，有的只是百炼成钢；所谓的利出一孔，必先力出一孔！**

服务理念：
动机至善，私心了无

□　吴晓健

　　"晓健讲师，我觉得你的课太洗脑了"，一位在深圳上我晚班课的同学在课前对我说。

　　"洗脑？"我满脸疑惑地看着他。

　　他看着我的表情，赶紧解释道："晓健讲师，您别误会，我说的洗脑可不是贬义词。其实洗脑和洗澡是一样的，身体脏了需要洗，头脑中有些想法是消极的、负面的，也需要洗一洗。比如我来新励成之前，总觉得很自卑，但是现在我比之前自信多了，这难道不是一种积极的洗脑吗？"

听完他的解释，我的疑惑一扫而光，取而代之的是哈哈大笑。

那天晚上课程结束后，我一直在思考，总觉得以上这种情况可以用一句话来诠释，后来我一拍大腿，从躺变坐，这不就是我们的企业文化——动机至善，私心了无吗？为什么学员愿意接受我们的"洗脑"？当我们做任何事情，起心动念出于善意；当我们做任何事情都并非为一己私利时，我们的内心就是坚定的、充满力量的，学员们自然也能够感知。新励成国贸学训中心曾经拍过一个宣传片，其中的故事情节是很多学训中心的一个缩影，这样类似的事情，几乎每天都在上演。咨询顾问不断地被拒绝，甚至可能被误解，但是当学员们感受到咨询顾问善意的动机和了无的私心，最后依然会选择相信我们，加入新励成，获得成长。

2022 年 6 月的某一天晚上十一点半左右，我正准备入睡，接到了一位讲师的电话。

"晓健讲师，抱歉这么晚打扰您。有一个学员特别想加入卓越的学习，但最近确实遇到一点困难，想要和您申请学费的特殊支持。"

"你知道每个月支持的名额是有限的吧？"

"知道的，晓健哥，这位学员真的很不容易，我真的想申请给他支持。"

但当我听到学费特殊支持的力度以后，我坚决地拒绝了他："不行。这个优惠要求太大了，已经超过了公司的底线，我没有办法支持。"

"晓健讲师您真的特殊支持下吧，他真的太需要突破和成长了。他现在就在我旁边，我把他目前的情况和您说一说。"

经过大概 20 分钟的沟通，我终于明白为什么这个讲师要如此坚定地推荐该学员走进卓越了。这是一位男士，35 岁，目前是某公司的中层管理，来自农村，在深圳打拼了将近 10 年，在现在所处的公司干了 6 年，勤勤恳恳，兢兢业业，公司老板觉得他很踏实，于是在 3 月提拔他为公司的中层管理，带着 15 人的不大不小的团队。本以为是他人生高光时刻的开启，后来才发现他数次对于演讲很恐惧，几乎不敢开会和上台发言，3 个月的时间，让他在下属当中的领导形象所剩无几。他是做技术出身，技术上驾轻就熟，但不知道如何管理团队，团队凝聚力非常缺乏，团队指标经常没办法按时完成，老板也和他沟通了好几次，甚至说出把他提拔上来不知是不是对的决定。我听完他的故事，隔着手机都能感受到他的压力。

他从 4 月开始直到现在，每晚几乎都会失眠，白天的状态也非常糟糕。一次偶然机会来到了新励成，经过了一个半月的学习后，相比之前他恐惧上台演讲的状况有了明显改善。但是很快在学习上又遇到了瓶颈。后来经过公司讲师和他耐心沟通，发现是他的信念系统出了偏差，也推荐了目前最适合他的卓越课程。但因为卓越课程学费的原因，才有了打电话这一幕。

我听完整个过程以后说："某某同学，感谢您对我们新励成的信任，我听完您的情况介绍后也觉得卓越体系非常适合您……"

"晓健讲师您好，我现在真的手头很紧，学费上能不能多给我支持支持。"

我还没有说完，他就急切地恳求。

"我们非常重视您的学习成长，同时我们也要恪守公司的原则，如果您只能是这个价格，非常抱歉，我真的没有办法，等您考虑好了，到时候还有支持名额的话，我们再沟通。"

我以为这件事就这么过去了。结果第二天 10 点多的时候，我的那位讲师又打来电话："晓健讲师，他现在愿意多加 5000 的预算，我们一起帮帮他吧。"

"不行，我也很想帮，但底线不能破，距离支持的底线只有5000 了，你去沟通下。"

"那行，晓健讲师，我先上课，课后再和他沟通。"

中午的时候熟悉的电话铃声又响起。

"晓健哥，我真的特别想帮助这位学员成长，他现在就在我旁边，而且经过了昨天一晚上的思考，他愿意再多加 5000 的学习预算，我们一起支持支持他吧。"

"我和你都想帮助这位学员成长，但是公司的价格体系我不能破坏，否则对其他报名的同学也是一种伤害，对不起，没有办法批准，如果能再加 5000，我愿意去做特殊申请。"

"某某同学，你现在真的只能拿出那么多钱，没有办法再多拿出 5000 块钱是吗？"

我的讲师问道。

"是的，如果现在真的能拿出来，我是一点儿都不想为难你们的。"

电话那头沉默了大概 6 秒，我正准备结束通话时。

"如果真的是这样，你更加需要突破自己，这样还有 5000 块钱我自己先给你垫上，等你以后经济宽裕了再还给我。"

"晓健讲师你为什么会这么做？"

"因为我太了解你的处境了，我也知道你真的需要通过卓越来突破你自己。我不想看到你的状态越来越差，学费我先给你垫上，我对你很信任，等你以后宽裕了再还给我。"

通过电话我明显感觉那位同学沉默了一会儿。

"晓健讲师不用你垫付，这个钱我再想想办法其实能拿出来，只不过我对自己不舍得，但是你如此渴望我突破和想要帮助我的决心，真的让我很感动，我愿意为自己投资，我也相信你们是真心为我好，因为这个世界上还没有一个人愿意为我垫付那么多钱，包括我父母，我真的很感动。"

最后这位学员走进了卓越，通过上课，变化特别大，现在在台上和之前判若两人，面对团队管理也有了更多的章法，收入也顺理成章地提升了。同时能帮助到他的那位讲师，我的内心也非常开心和满足，**学员和讲师，因为动机至善，私心了无，实现了彼此成就。**

在新励成，无论是教学生涯还是管理生涯，我发现师生彼此成就的故事越来越多，我也在想，究竟是什么让讲师们如此热爱这份事业呢？后来我好像也找到了答案，作为平台的新励成，其实对作为员工的我们，也在践行着动机至善，私心了无。

如果一家公司，聘请员工的目的是剥削和压榨，我相信这家公司肯定没有办法走得长远，而且这家公司一定是没有使命和愿景的。今年是我入职新励成的第十个年头，我也在一边不断地感受着新励成的善，一边汲取营养去成长。我很难想象第一次听到"成就个人，幸福家庭，和谐社会"这句话，内心中还在想这是不是口号的我，如今已经成为新励成企业文化导师团的一员；很难想象一个曾经面试教学部没面试上，后来转岗三次才成功的我，也能一路成长为教学部的负责人。十年后，当我再看"成就个人，幸福家庭，和谐社会"这十二个字，觉得这就是新励成最大的善，平台的动机至善唤醒了个人的私心了无。

　　我相信所有讲师都和我有同样的感受，周末班下课后，有同学说您辛苦了，那一刻我也问了问自己，辛苦吗，累吗？心中冒出一句话，辛苦但是心不苦，因为看到同学们的突破成长，值了。鉴于此稿可能会有很多学员朋友们看到，所以想多说几句，什么样的心态上台演讲是最好的，就是带着给的心态，带着纯粹为观众给价值的心态，我相信你的演讲会越来越受欢迎。

　　有一首歌，里面的歌词很美好，只要人人都献出一点爱，世界将变成美好的人间。经常有同学问我什么是爱，今天我想说，动机至善，私心了无就是爱。

管理理念：

反求诸己，推功揽过

□ 薛万琪

一个企业的蓬勃发展，其影响因素众多。战略方向的精准与否、产品质量的优劣、执行力的强弱，这些无疑都起着关键作用。然而，还有一个常常被忽视却又至关重要的因素，那便是企业的管理效率和管理水平。而管理过程中的种种行为与动作，其背后的核心驱动力，便是企业所秉持的管理理念和价值观。

在新励成，每一位管理者都需坚守"反求诸己 推功揽过"这一准则。

每当我在讲述企业文化，特别是讲到管理理念这个板块时，我总会向学员提出这样一个问题："大家觉得员工有没有问题？

团队存不存在问题？"而得到的回答，几乎无一例外都是斩钉截铁的"有问题"！学员在回答这三个字时，语气坚定，响应迅速。客观来讲，员工的确会存在这样或那样、或大或小的问题。但倘若管理者将关注的焦点全然放在员工的问题上，那么工作中的情绪氛围必然会变得消极负面。因为此时的焦点永远在挑毛病、在批判，这既不利于管理者与员工的和谐共处，也无益于组织目标的顺利实现。

或者我们换个角度思考，如果员工今天毫无问题，那又何须你来对其进行管理？难道不应该是由他来管理你吗？又或者说，难道管理者自身就毫无问题吗？身为管理者，如果我们的信念焦点始终聚焦在团队的问题上，每天只是一味地挑刺，相信管理者自身也会感到难受和内耗。这样的管理方式是一种对抗，而非一种和谐共生的生态。

那么，管理者究竟应该如何应对呢？答案便是四个字"反求诸己"！在《影响力导师班》中，张龙讲师教导大家进行信念植入。当员工犯错、行为不当之时，我们之所以会生气、会批判，是因为我们在用自己的信念去要求团队的行为。一旦团队的行为不符合我们的信念或标准，便会产生负面情绪。

倘若我们的信念是"你怎么这么笨？说了几遍都做不好"？

那么这种负面情绪只会越发强烈。但假设我们的信念是"反求诸己，我应该怎么做才能够避免这个情况发生，我应该怎么做才能够避免团队中别人再次发生这个情况"？我们的信念是"团队犯错的时候就是我优化管理的机会，就是我做组织改革的机会"，当我们真正做到反求诸己时，便会发现原本的困局有了破局的关键点，有了切入的突破口。

比如，你发现团队成员老是迟到。普通的管理者，可能只会采取或者批评斥责或者扣绩效的方式，而不会进行自我反思。如此一来，团队成员会心生不满，管理者自己也会情绪不佳。而具有反求诸己管理理念的管理者会怎么想呢？"我相信人的本性是不愿意迟到的，人的内心都希望给他人留一个好的印象和人设，我应该怎么做才能减少迟到现象的发生呢？"又如，你发现销售业绩不佳，应该如何思考？"可能缺乏销售的系统培训，可能我对他们的跟进还不够及时，对他们的辅导还不够精准"；再如，你发现团队士气低落，又会怎么想？"是不是我没有构建好企业文化？我该怎么样构建好企业文化，让组织有生命力，让团队在这片土壤上可以尽情绽放？"

有一次，我在讲台上探讨领导力口才的话题时，有学员向我提出了问题，原话是"我确实感受到现在的员工好难管，怎么办"？听到这个问题后，我对他说："如果你去管的话，确实会很难管，甚至管不好。哎，我想请问你，你觉得如果别人来管你的话你好管吗？"学员笑了，只是笑而不语，不知该如何回答。我接着说道："所以当你用'管'这个字来形容时，说明你的思维还是监工思维。人性是不喜欢被管的，而且你根本管不住别人。你能管理好的只有谁？"学员思考了片刻，回答道："老师，我能管的好像只有我自己。"听完他的回答，我哈哈大笑，说道："恭喜你，你悟了。我们能管理的只有自己，只有通过管理自己来影响团队！"

所以，**管理者只有做到反求诸己，才有可能成为真正的领导者。请所有管理者多问问自己：我应该怎么做才能让情况变好。**

管理理念的第二个关键要点，便是"推功揽过"。那什么是推功揽过呢？从字面上理解，就是当有了功劳、取得了成绩、有了成果和产出时，要归功于谁？是团队，是大家！大家是否见过这样的管理者，一旦有了成果，就将功劳往自己身上揽，完全忽视团队的努力，或者装作看不见。你们觉得这样的管理者能够赢得人心吗？如果连人心都无法获得，别人又怎么可能支持他的工作、追随他呢？所以在此要告诫大家，**有了功劳，要学会将其推出去，推给团队中的每一位伙伴，归功于每一位团队成员！因为没有大家的共同努力，就不会有今天的成果。推出去的是功劳，而揽回来的是人心！这便是"推功"！**

那什么又是揽过呢？结果良好时，自然皆大欢喜。但当结果不尽如人意时，便开始大量地推卸责任，像踢皮球一样，总之就是没人愿意承担这个责任。作为管理者、负责人，我们是企业的干部，干部对于一家企业而言，是中坚力量、核心力量！对于企业文化的贯彻、效益的提升，起着至关重要的作用。那什么是干部呢？记得，我在聆听赵总关于《我们需要什么样的管理干部》的主题演讲时，他用谐音梗的方式让我们更加具体地理解了什么是干部！干部就是"干不"，有新的市场需要开拓，干不干？对企业整体发展有益，但是短期内可能会面临挑战的新项目，干不干？一个字"干"！"敢不"，别人不敢承担的责任，你敢不敢承担？别人不敢做的事，你敢不敢做？"赶不"，时间紧迫、任务繁重的时候，要"赶"！"干不"，这里发第一声，干杯的干，事情做好了，我们一起"干"！通过这种生动形象的解释，让我们深刻地理解了干部的含义。所以管理者要敢于揽过，别人不敢承担的责任，你要勇敢地承担，因为你是干部！当然，当我们敢于揽过时，揽回来的除了责任，更有团队的人心！

这便是新励成的管理理念——"反求诸己，推功揽过"。相信当我们真正将其践行到实际工作中时，你就会惊喜地发现，团队的氛围会越发融洽，团队的成果也必然会朝着积极的方向发展！

合作理念：
主动担责，协同高效

□ 张 龙

现代企业与小农经济的最大区别在于，现代企业中的每一个个体都无法独自完成所有工作。因此，在组织里，每个人都有特定的工作职责和负责的业务板块。唯有密切协作，组织才能顺利运转。清晰的组织分工能让企业有序运行，但同时也带来了一些弊端。

在组织发展过程中，必然会出现一些没有明确责任人，或者不属于某个人核心职责的事项。在这种情况下，如果每个人都认为这不是自己的工作，不是自己的核心 KPI，不应由自己担责，那么这类工作就无法推进，必然会给企业发展带来不可避免的影响。所以，新励成的合作理念的第一个要点便是主动担责。这要

求我们在公司存在某些没有明确落在某个人身上的 KPI 时，有
人能够挺身而出，主动承担责任。

我于 2013 年 10 月入职，入职第一天中午就参加了公司的企
业文化活动。第一个环节是企业文化朗诵，所有人站成几排，有
一人在前面主持，让大家列队。当时这种形式让我觉得颇为新
颖，我一直好奇为何要用这种类似部队列队的方式来诵读企业文
化。后来才知道，公司每年 3 月都会举办年会，所谓的年会并非
公司内部员工的聚会，而是一场年度同学峰会。每年的年会开场
都有一个节目，即全体员工上台进行企业文化风采展示，要求展
现出公司的精气神儿，所以负责整队的人就显得尤为重要。

11 月，每个员工都会轮流负责企业文化活动的开展。轮到
我负责时，因我声音洪亮、吐字清晰（毕竟小时候做过体育委
员），于是下面的领导说："我发现你可以作为我们年会企业文化
的带队负责人，接下来每天中午的企业文化都由你来整队，负责
年会企业文化展示这个节目。"当时我还在实习期，核心精力应
放在备课上，我完全没有想过这个工作为何安排给我，做了于我
会有何好处，会不会耽误本职工作，但还是开始承担起了企业文
化负责人的工作。

持续一个月后某一天的中午，领导喊我进会议室开会，我

很纳闷，我一个实习新员工有什么会议需要参加。领导说既然我负责企业文化活动的开展，那年会筹备也来参与听听，能让我更清楚年会流程。于是我开始参与年会会议，其间偶尔给出一些建议，同样没有想过为何新员工要参与这种工作。到 2014 年 3 月年会临近，领导又找到我说既然负责企业文化风采展示节目，又熟悉年会工作流程，那年会现场就做总指挥。我更纳闷了，问总指挥是做什么的，领导告知我要在全场负责年会有序进行，调配资源，指挥大家工作。就这样，我稀里糊涂地成了公司年会的总指挥。两天一夜的年会下来，我发现总指挥的工作其实就是跑腿，戴着耳麦、对讲机指挥人员，自己要不停地跑动。两天下来非常累，印象最深的是在 500 平方米的房间里，每天微信运动步数达到三万多步。年会结束后，我根本没想过为何这个工作会落到我头上，也没期待公司会给我什么奖励，后来公司确实也未给任何奖励。就这样，2014 年的年会结束了。

到 2014 年 10 月，公司准备启动 2015 年的年会，很自然地叫上我参与筹备工作。当时我是公司的高级讲师，没有任何管理职责，但整个年会的策划、推进以及各种会议的执行过程，我全程参与。记得 2015 年 3 月下旬是年会，3 月上旬我安排了惠州的一期课程，四个晚上。因年会前的冲刺会议无法参加，领导得知后说："你不知道年会工作很重要吗？这种情况下还安排课程，耽误了年会工作怎么办？"听到这话，我内心想的不是讲课是本职工作，课程是公司安排的，年会不是我的工作，而是回去加班，把年会的事情梳理清楚。2015 年的年会就这样过去了。

2015 年 10 月，我感觉该启动 2016 年年会的项目筹备了，但公司似乎没人提起。于是我在公司管理会议上提出："老板们，我们是不是该筹备 2016 年公司的年会了？"结果领导对我说："这是你的事情呀，问别人干吗，该启动就赶紧启动吧。"哈哈，年会就这样莫名其妙地变成了我的工作。从那以后，公司每年的年会都由我发起并负责闭环。

其实公司年会是一个跨部门联合的工作，需要协调销售、财务、教学、人力、市场等几乎全公司的人员共同参与的大型活动，不属于我个人的核心考核，但我主动承担起这份责任。我相信这也是我能在公司从一名老师逐步成长为管理者和核心管理者的重要原因。主动担责，看似吃亏，实则我们获得了解决问题的能力，积累了跨部门协调的经验，也为自己在公司赢得了更大的发展空间。

当然，新励成发展过程中也涌现出许多主动承担责任的干部，比如当年举办卓越会，需要协调全公司资源服务学员，伟君讲师就承担起了这个责任。所以未来公司要想发展得更快，就需要更多的人站起来主动担责。我们若想在公司获得更快的成长和能力的巨大提升，也需要主动担责。

正如开篇所说，现代企业需要相互配合才能有序运转，在配合过程中，上下游之间难免会出现一些摩擦。之前有一家公司，研发部门负责产品的出品，销售部门负责产品销售。当业务量下滑时，双方就开始互相指责。产品部门认为销售不力，这么好的产品都卖不出去；销售部门则觉得产品部门不行，研发的产品在市场上毫无竞争力，导致业绩下滑。如果遇到问题，双方都只找对方的问题，那么合作就会充满内耗，不仅解决不了问题，还会降低效率。那最好的合作方式是什么呢？——"狼狈为奸"。

狼和狈是两种不同的野兽，它们外形相似，性情相近。不同的是，狼的两条前腿长，两条后腿短；而狈正好相反，它的两条前腿短，两条后腿长。这两种野兽常常一起出去偷吃人类畜养的家畜，给人类造成很大危害。传说有一次，狼和狈来到一家农民的羊圈外，知道里面有很多羊，打算偷一只。但羊圈又高又坚固，既跳不过去，也撞不开，一时不知如何是好。

它们商量了一会儿，想到了一个办法，让狼骑在狈的脖颈上，狈用两条长腿站立，把狼扛得高高的，然后狼用两条长长的前腿攀住羊圈，把羊叼走。

于是，狈蹲下身，让狼爬到身上，用前脚抓住羊圈的竹篱，慢慢站直。等狈站直后，狼再将两只后脚站在狈的脖颈上，慢慢站直，把两只长长的前腿伸进竹篱，猛地抓住了一只在竹篱旁的羊。

在这次行动中，如果只有狼或只有狈，都无法爬上羊圈偷到羊。但它们通过合作，利用彼此的长处，成功偷走了羊。"狼狈为奸"虽是一个贬义词，但不妨碍我们从中学习合作理念。如果双方在合作中只关注对方的问题，就无法达成目标。所以在企业合作过程中，我们需要做到协同。那什么是协同呢？**协同的实质是改变自己，不盯着对方的问题，找到自己需要改变的地方。如果双方遇到问题，都关注如何调整自己来解决问题，那么整个合作链条就能形成合力，不仅能避免内部摩擦，还能提高工作效率！**

人才理念：

基层员工看能力，中层员工看品德，高层管理看价值观

□　宋少洲

新励成的企业文化中，人才理念是一条引人深思的理念。多年前，提及人时，大家往往想到的是人力成本。然而近些年来，无论是社会层面，还是我个人，想到更多的是人力资源这个词。人们越来越意识到，对于一个企业而言，人才是最为重要、最为宝贵的资源，而新励成的人才理念也为企业在人才的选育留用方面指明了方向。在撰写这篇关于人才理念的文章时，我对"基层员工看能力，中层员工看品德，高层管理看价值观"这句话有了全新的认知与理解。在新励成的人才梯队中，许多高层都是从基层逐步晋升上来的，因此在这句话中，涵括这样一个概念，即高层管理需要具备能力、品德和价值观这三个条件，中层员工需

要具备能力和品德两个条件，基层员工则需要着重考核能力这一项条件。接下来，我将通过三个故事来阐述我对这三类人才的理解。

　　首先是基层员工看能力。在我加入新励成之前，曾就职于去哪儿网。去哪儿网在 2015 年被携程收购之前，经历了一次较大的变动。当时，去哪儿网没有清晰的部门考核机制，老板考核员工的方式十分混乱。一方面凭借老板的直观印象；另一方面依据员工的绩效，甚至还依据员工的打卡时长。因此，不同团队的贡献难以衡量。许多员工在上班时间摸鱼，下班后却拼命干活刷工时。由于不同团队的工作内容各异，考核结果极为模糊，存在大量不明确的空间，一些团队内的工作氛围也相当糟糕，大家并非以真实的贡献来进行比较和评判。这是去哪儿网亏损严重的原因之一，也为其被百度抛弃、被携程收购埋下了沉重的伏笔。然而，公司被收购后，携程管理团队对各部门进行了利润考核，能够以一个直观的数字呈现各个团队对整个公司盈利的贡献。虽然像行政、财务等部门的盈利难以评判，但公司最终还是完成了评审考核。对于冗余的团队和低贡献的团队，公司进行了裁员或部门兼并，于是整个公司很快实现了盈利，并且利润逐年增长。我们新励成企业文化中所提及的能力，指的就是员工的能力以及通过能力所做出的贡献。所以，携程的案例也印证了我们企业文化的正确性，员工具备能力，并且其能力能够持续为公司创造价值，这才是公司对基层员工应有的考核标准。能够为公司创造价值的员工留下，无法创造价值的员工离开，这在任何公司都是理所当然的。当然，我们的企业文化也强调基层员工需要具备一定的品德要求，但这并不影响我们对基层员工考核时，能力及其贡献的重要性。

接下来谈谈中层员工。中层员工看品德，意味着中层员工在基层员工考核表现优异的基础上，还需具备优良的品德，方能晋升为中层员工。中层员工要有奋斗的意志，在个人利益、公司利益和他人利益不一致时，不会将个人利益作为唯一的行动标准。甚至在很多时候，他们会将个人利益置于最后，把公司的利益、同事的利益、学员的利益放在前面，这便是他们能够成为中层员工的真正原因。新励成加盟中心有众多优秀的中层管理，如嘉祺、陈粤、杨希，等等。就以我熟悉的杨希讲师为例，有一次他在太原讲课，半夜下课辅导完同学回到宿舍已是 23:30，他却仍在房间里不停地打电话。起初我以为他在和必玲讲师聊天，第二天才得知他是在与团队成员沟通，因为团队成员在工作中遇到了问题，他们的通话至少持续了两三个小时，我都不知道他几点才睡。我知道那天杨希讲师讲了一整晚的课，下午和晚上课后还给学员做了大量辅导，他肯定非常疲惫，但在团队成员遇到困难时，杨希讲师毫不犹豫地挺身而出，帮助团队成员梳理并解决问题，让团队取得更好的成果。我认为这就是我们中层员工所看重的品德，杨希讲师不仅有解决问题的能力，更有帮助团队成员的优良品德。在接下来的一年里，我和杨希讲师多次打交道，涉及他团队讲师的近况，杨希讲师都了如指掌，甚至比我知道的还多（对于在太原授课的讲师）。这个细节让我坚信，他与团队成员的沟通必定非常频繁紧密，团队小伙伴对他的信任度也极高。所以每次杨希讲师团队的小伙伴来太原讲课，我总能感受到他们身上那十足的拼劲，相信其他学训中心也有相同的感受。加盟中心正是因为有这样的中坚力量，以及一直奋斗的各位讲师，才能不断取得佳绩。但有时，杨希讲师和加盟商也会面临利益对立的情况，在此情形下，杨希讲师总是将加盟商的利益置于首位，并且能够充分考虑加盟商的感受。所以在遇到困难和分歧时，与杨希讲师沟通是一件轻松愉悦的事情，我们总能轻松达成共识，从而有效地解决问题。因此，中层员工具备良好的品德，对于减少公司团队内耗、提升团队战斗力至关重要。

人才理念的第三句是"高层管理看价值观"。我重新仔细阅读了企业文化的讲义，发现其中是这样阐述的：价值观代表认可和做到，并能够长期坚持"以学员为中心，以奋斗者为本"。长期奋斗这四个字，瞬间让我的脑海中浮现出一个人的身影，没错，这个人就是我们敬爱的张龙讲师。我与张龙讲师相识较早，在 2014 年我刚加入新励成学习时就认识了他。那时的张龙讲师还是一位初出茅庐、稍显稚嫩的讲师（当然，那时的我同样稚嫩）。但令人奇怪的是，在这个充满活力的年轻人脸上，永远找不到沮丧二字，他总是那么乐观、积极且充满正能量，仿佛身上有使不完的劲儿，似乎从未考虑过工资多少、加班时长以及工作的辛苦程度，等等。在我的同事身上，能看到人的各种性格特点，有懒惰的，有勤奋的，总归是真实的人性表现。但在张龙讲师身上，感觉他不像是一个普通人，倒真像一条龙，一条充满正能量的龙。更令人惊奇的是，这条龙一"干"就是十年，如今已是2024年，距离我们相识已经过去了整整十年。然而再看张龙讲师，依旧激情满满、正能量爆棚，似乎负能量从未在他身上出现过。张龙讲师在新励成如今应算是高层了。记得前几年张龙讲师管理加盟中心时，听闻了他许多令人感动的事迹。张龙讲师在加盟商中的口碑也极佳，他每到一个学训中心，对公司团队的节奏比加盟商和负责人都更为上心。他去过许多学训中心，为学训中心创造了众多业绩，也用心地为学训中心做学员服务和学员辅导。所以在学训中心，无论是刚毕业的大学生，还是临近退休的老大哥，都会亲切地称呼他为龙哥。我觉得一个人伪装一天很容易，伪装一个月也不难，但要伪装三年、五年、十年，几乎是不可能的。真正的原因可能是他将"以学员为中心"融入了自己的价值观，他的价值观形成了潜意识，潜意识指挥意识，意识再指挥行动。我觉得龙哥应该更大方一些，把他多年的经验总结成一门课程，讲述出来，进行复制和萃取，让越来越多的人能成为像龙哥一样的人，能够十年如一日地为公司、为团队创造更多的价值，帮助更多的学员和同事。如果这门课程开发出来，我希望龙哥能第一个来太原学训中心讲授，让太原学训中心的小伙伴和同学们都像龙哥一样，成为源源不断输出正能量、影响身边人的存在，让我们的学员变得越来越好，让身边的人因为我们而更加幸福。

为了撰写这篇文章，我又多次研读了企业文化讲义。确实，书读百遍，其义自见。每一次阅读都让我们对企业文化有更深刻的理解。无论是经营企业、管理团队，还是在企业中谋求发展，企业文化都如同一个指南针，让我们更快地找到方向和捷径，更快地达成目标。也希望所有新励成的同事和同学们，都能更好地吸收企业文化，并将企业文化的知识和力量运用到生活、工作和学习中，让我们都能成为更有成就的自己。

创新理念：
敢想敢干，超越现状

□　喻武芳

在当今资讯如潮涌、竞争激烈的环境中，出色的口才已成为个人魅力与职业竞争力的关键展现。而新励成，作为一家专注于成人演讲与口才培训的机构，正凭借"创新，敢想敢干，超越现状"的企业文化，勇立行业潮头，全力帮助每一位学员激发内在潜能，铸就非凡成就。

一、创新：打破常规，激发无限可能

我们始终坚信，创新乃是口才培训的灵魂。传统的教学模式在当下已难以满足现代人多元化的需求，我们急需更为个性化、更贴合实际应用的培训方式。

我们构建了一个全面支持创新的生态环境：

1.多元化团队：我们广纳来自五湖四海、经验丰富且视角独特的讲师。他们的智慧相互交织碰撞，迸发出数不胜数的创意火花，为教学内容的丰富性和多样性奠定了坚实的基础。

2.开放式学习平台：我们精心打造了线上与线下融合的学习平台，使得学员能够随时随地获取所需资源，与其他学员交流心得体会，形成了良好的互动循环。

3.持续反馈机制：我们积极鼓励学员与讲师建立良好的沟通桥梁，定期收集反馈信息，及时对教学计划进行调整优化，全力确保培训效果达到最优状态。

4.激励与认可：我们设立了一系列颇具分量的奖项，比如讲师的"SST"奖，咨询老师的"英雄"奖等，以此表彰那些在创新与实践中表现卓越的个人和团队，营造出积极向上、充满活力的工作氛围，大胆突破常规，激发无限潜能。

此外，我们不断探索崭新的教学理念和前沿技术，在教学方法上大胆创新。通过讲述、视频、演练、案例等多元化的教学手段，让课堂变得生动有趣、引人入胜。我们勇敢地将线下教学拓展至线上，于是有了 OMO 模式，借助互联网平台的强大力量，帮助更多人提升软实力，筑牢成长根基。同时，我们激励每一位讲师成为创新的引领者，不仅传授知识，更注重启发学员的深度思考。我们定期举办内部研讨会和培训会，分享最新的学科知识、教育理论与实践案例，激发团队成员的学习热情和创造能力，共同研发出更为高效、实用的教学方案。

2022 年，我在产品研发中心担任产品研发讲师一职，深入内部成为幕后的默默奋斗者。站在产品的视角，我深切地感受到新励成对产品创新的高度重视。所有的小课每年都要进行迭代升级更新，融入新的知识，紧跟时代潮流，顺应消费者心理的变化来创新课程；大课方面，《影响力导师班》鼓励同学们自主开课，帮助同学们构建起口才学习的完整闭环；还有《亲子沙漠》大胆创新，将课堂从室内迁移至室外，助力同学开拓视野，在体验中教学，在实践中成长;《人生定位》课程，帮助我们更加清晰地找准人生方向，实现差异化竞争，塑造个人独特的IP;《父母情商》课程则针对现代教导孩子的难题，助力父母"持证上岗"。并且为了满足学员的多元需求，在原有卓越体系的基础上，加入了《人生定位》《父母情商》，升级为卓越 PLUS 体系。

正是因为产品创新永不停歇，新励成才赢得了如今的良好口碑。

二、敢想敢干：将梦想转化为实际行动

"敢想"意味着我们不被传统观念所束缚，敢于提出大胆且

富有前瞻性的教学设想；"敢干"则是将这些构想勇敢地付诸实践，即使面对重重挑战也绝不退缩。我们深知，每一位学员的内心深处都藏着一个渴望被聆听的动人故事，而我们所要做的，便是为他们搭建广阔的舞台，提供有力的工具，助力他们勇敢地发出自己的声音。

于是，我们创建了青年说这一全国性的大型演讲平台，让更多的人有机会登上舞台，讲述自己的故事，为梦想发声，为社会发声，为中国发声。此外，卓越会也时常举办各类与口才语言相关的活动，如脱口秀、演讲比赛、读书分享会等，以口才沟通为基石，通过多元化的方式帮助同学们树立自信，突破自我，助力同学们实现他们的舞台梦想，并陪伴他们将梦想落地为实际行动。

对于新励成人而言，企业文化中"敢想敢干，将梦想转化为行动"的理念，始终在不断激励着我们奋勇前行。

如今大家眼中的我阳光、乐观且积极，但其实我自幼特别自卑、胆小且内向，不爱与人交流。小时候，亲戚朋友都说我是从"角落里"长大的孩子，因为无论何时，我都会独自安静地待在角落里。三年级时，当时学习了一篇名为《丑小鸭》的文章，老师让一位同学朗诵，他停顿了约半分钟，我特别害怕被点到……

结果真的就点到了我。坐在角落里的我瞬间感觉天旋地转，脸涨得通红，眼前发黑，颤抖着拿起课本，声音小得几乎自己都听不见，老师说"大点声"，我一张嘴把丑小鸭读成了臭小鸭，全班同学哄堂大笑。这件事成为我人生的重大转折点，因为在挫折的背后，我找到了自己的人生使命。那次嘲笑过后，我在心中种下了一颗小小的种子："要让所有的嘲笑声变成掌声。"从那以后，每天回家我都会悄悄躲在被窝里朗读语文课本，模仿电视里主持人何炅讲话，将自己的梦想转化为具体的行动，并坚持不懈。

上初中、高中以后，那个曾经躲在角落里的女孩变成了舞台中央的女主角，经常代表班级、学校参加大型演讲比赛、朗诵比赛。我成功地让嘲笑声变成了掌声，是的，我做到了。

因为自己曾经历风雨，所以我渴望为他人遮风挡雨，帮助那些在语言表达上存在困难、内心胆小自卑的同学成长。未来，我的梦想是帮助 10 万人能够自信大胆地当众讲话。非常感谢新励成这个平台给予了我这样的宝贵机会，让我敢想敢干，在追逐梦想的道路上阔步前行，让我在舞台上绽放光芒，也让我能够帮助千千万万的同学在舞台上闪闪发光。这是一份极具意义的事业，我将自己的梦想转化为具体行动去帮助同学们，每当看到他们拿起话筒自信表达时，这都是我一辈子值得骄傲的时刻。

三、超越现状：追求卓越，永不停歇

在新励成，安于现状绝不是我们的选择。我们鼓励每一位学员树立高远的目标，无论是克服在公众面前演讲的恐惧，还是熟练掌握复杂论点的论述技巧，我们都会全力以赴，提供个性化的专业指导，助力他们达成目标。我们坚信，每一次的进步，都是朝着卓越迈进的坚实一步。

优秀与卓越的区别究竟何在？在我看来，优秀或许是在某些技能方面取得阶段性的突破并得以维持，而卓越则是人的一生永不停息地追求攀登新的人生高度，卓越是没有尽头、永无止境的。

我们的卓越学员，每一位都拥有不断向上攀登的顽强生命力。在深圳，我有一位学员，他是一名程序员，只会埋头做事却不善表达。市场压力和年龄焦虑让他感到喘不过气来，于是来到新励成寻求希望。加入卓越课程不到半年的时间，他的语言天赋被激活，沟通表达能力和与人交往的能力大幅提升。本身就具备强大思维逻辑的他，将硬实力与软实力充分整合，在卓越课堂中沉浸了半年。2024 年 3 月，他与我分享了他的喜讯，成功升职成为高管，收入翻了四倍，生活中还带来了诸多惊喜，让他得以不断超越现状。最后他对我说的一句话，令我印象极为深刻。"卓越就是让我不断战胜内心的恐惧，攀登新的高峰，永无止境。"

　　"创新，敢想敢干，超越现状"，这不仅是我们的企业文化，更是我们对每一位学员的承诺。我们坚信，正是这样的文化，让我们能够不断超越自我，引领行业创新发展。我们满怀期待地一同踏上这段激动人心的旅程，借助口才的强大力量，点亮精彩人生，照亮广阔世界。

执行理念：
速度第一，完美第二

□ 薛万琪

在广袤的非洲大草原上，一只饥饿的猎豹正在寻觅食物，突然，它发现了一群羊。原本疲惫且无力的眼神瞬间充满了坚定与力量！在出击之前，大家不妨思考一下，猎豹需要考虑的是先迈左腿好看还是右腿好看，做一番姿态上的完美设计，还是找准时机，直接出击？毫无疑问，它没有时间去设计自己的完美姿态，一定会毫不犹豫地选择找准时机，直接出击！它会紧紧盯住羊群中的某一只，无比坚定地奔向自己的目标。在奔跑的过程中灵活应变，不断调整自身姿态，最终上演一场精彩且有力的猎杀，成功完成自己的目标！

假设一下，如果猎豹并非如我们刚才所说，而是在猎杀前精心设计自己的姿态是否好看，纠结先迈哪条腿，结果又会如何？结果必然是在它思考的过程中，羊群已经远去，等待着猎豹的将是更长时间的饥饿和无力，甚至它的生存都会受到威胁！

这个故事生动地告诉我们，一个团队若要践行共同的使命，执行既定的战略，更好地为学员服务，就一定要拥有像猎豹那样的执行力，即"速度第一，完美第二"。需要注意的是，我们强调速度第一，并非意味着不追求质量、不追求完美，恰恰相反，我们是追求质量和品质的。只不过，新励成人深知，追求完美品质的第一步一定是先完成！倘若没有完成，根本就不存在完美的可能！我们也要像猎豹一样，在奔跑中调整姿态！

在实际工作中，什么叫作在奔跑中调整姿态？绝大多数人在着手做一件事情时，容易陷入过度的规划和过多的思考中，而行动力相对薄弱。真实情况下，在奔跑中调整姿态，是先行动起来，而非进行大量的思考，因为这些思考很可能最终会限制自身的行动力。

2022 年 3 月，张龙讲师在开会时提到，加盟体系需要一些能够讲授服务大课的讲师，以更高效地服务学员，看谁能最先脱颖而出。当时我听到这个消息后，内心出现了两个声音：一个声音是我刚刚入职一年，是否有能力去承担这件事？另一个声音则是先完成，再完美，在奔跑中调整姿态！后来，在领导的支持与认可下，我下定决心行动起来。研发大课的那段时间，让我对厦门凌晨的鸟叫声无比熟悉！因为在我研发服务大课期间，刚好在厦门上课。设计课程框架、环节、制作 PPT，经常不知不觉就熬到了凌晨，天色微微亮起，小鸟此起彼伏地鸣叫听起来仿佛是在提醒我该睡觉了。就这样，经过一个多月的努力，我的服务大课《超级演讲》正式完成！同年 8 月，开始了第一期的授课，受到了学员的一致好评。两天一夜的学习结束后，学员们的心态和状态都发生了变化，他们开玩笑地说，上万琪讲师的课就是"变态"，这里的"变态"是指心态和状态的改变。时至今日，《超级演讲》已经在全国各地开课近 30 期，帮助了无数学员认识自己、认识卓越，实现了由内而外的真正蜕变！学员们一边称赞课程体验良好，我一边还在不断地优化更新。我想，这就是在奔跑中调整姿态！先行动起来，然后再进行优化。只有这样，才能更出色地达成目标。

王阳明曾说过，知行合一。这句话有众多的解读角度，我认为其中一个非常符合行动力的解读是：什么是知行合一？就是在知中行，在行中知。不是等完全想通了以后再去行动，而是先付诸行动，在行动中获取更全面的认知，然后继续行动。这就是知行合一，在奔跑中调整姿态。

执行理念还有一个准则，那就是——快速响应，高效执行。那么，什么是快速响应，高效执行呢？

2024 年 4 月 19 日下午 1 点，我计划从温州龙湾机场飞往广州白云机场，前往广州花都学训中心开设《超级演讲》课程。未曾料到，这段时间广州雷雨天气频繁，所以当天下午 1 点的飞机延误至下午 5 点起飞。到了下午 5 点钟，航班又因天气原因再次延误至晚上 9 点起飞，于是我继续等待。结果，最终被通知航班取消。当下我的第一反应是焦虑万分，马上搜索其他交通方式。结果发现，由于是临时购买，温州到广州的所有高铁票都已售罄。我尝试从温州先飞到其他城市，再转乘高铁前往广州，但到达时间都要到 20 日下午，这会严重影响课程的时间安排。就在这时，航空公司给我发短信提醒，将我安排在 20 日上午 11 点起飞的航班，预计下午 1 点到达广州白云机场。我心想这个时间还是有些滞后，于是搜索 20 日的航班，发现有一班早上 6:45 能起飞的，但在手机上不知为何无法操作改签。我立刻赶到温州机场柜台，最终在现场成功改签。2024 年 4 月 20 日早上 6:45 起飞，有望在 9 点前抵达花都学训中心，我这才松了一口气。于是，我在机场附近待了一宿，准备第二天早上的飞机。然而，第二天，原本早上 6:45 起飞的航班再次延误到下午 4 点起飞……经过与学训中心、总部教务的协商，不得已取消课程，延后至 5 月 18—19 日开课。于是，我拖着行李箱又返回了温州的酒店。

在返回的途中，我打开朋友圈，发现很多讲师都受到了天气的影响，疯狂改签。我想，这就是新励成人的执行理念：快速响应，高效执行！

回到酒店后，我思考着，既然广州的课程取消了，周末在温州，我能做些什么呢？新励成的核心价值观是"以学员为中心"，这两天能为学员提供些什么服务呢？突然灵感闪现，我有服务课，比如《绽放人生》和《企业文化》，可以为学员进行分享。于是，我马上与温州团队开会，达成共识并决定加开服务课等相关事宜。20分钟的会议结束后，建萍校长带领着温州的小伙伴们，程程讲师和小慧讲师，立即启动邀约工作，逐个通知温州的学员朋友：我们为大家带来了精品服务课。当天下午，短短两个小时内，大家通过打电话、发微信留言，一刻不停地邀约学员。最终，在温州团队的努力下，有超过20名同学报名参加了我们的《绽放人生》课和《企业文化》课。当我看到这个报名情况时，内心深受触动。究竟是什么力量在推动着温州团队？我想，这就是我们的执行理念：快速响应，高效执行！于是，2024年4月21日，我站在了温州学训中心的讲台上为大家授课！学员们在听完《绽放人生》课和《企业文化》课后，深受启发，收获满满！

还有一个小插曲，那天我决定在温州讲授《企业文化》课时，需要一个海报，需要总部给予设计支持。我马上联系了总部负责同事表达了海报需求，当时我还在想，今天是周六，是休息时间，可能同事不会那么及时地查看企业微信。但没想到的是，在休息日，负责同事不到一分钟就给了我回复，并将海报发送给我。包括之前讲授《企业文化》课时，与嘉祺对接海报相关事宜，每次都是快速响应！高效执行！我想，正是同事们之间的快速响应和高效执行，才使得对学员的服务如此高效、如此优质！

关于快速响应、高效执行以及在奔跑中调整姿态，我刚才讲述的都是自己在教学端的故事。当然，除了我的经历，肯定还有许多其他的例子。不仅是教学端，任何岗位、任何端口都需要做到快速响应、高效执行。只有这样，**一个团队才能高效协作、相互配合，才能更好地为学员服务，为学员创造价值，给学员带来满意的结果！**

产品理念：
课比天大，精于自凿

□　张　龙

　　几年前，我曾拜读过一篇有关中国豫剧大师常香玉的文章。文中提及，常香玉常将一句话挂在嘴边，那便是"戏比天大"。在她眼中，演员一旦登上舞台，戏便高于一切，哪怕天塌下来，也要将戏唱完，容不得半点疏忽。

　　"戏比天大"乃是她一生的职业操守与为人准则。20 世纪90 年代，当时她要参加一次重要演出，但与她相濡以沫的老伴正在住院，有人劝她别去演出了。但她说，演出是大事，观众早已知晓她要参演，她不能让观众失望。最终，她虽然对老伴无尽牵挂，但还是满怀激情地登上了舞台。看完这篇文章，我深受触动，"戏比天大"这四个字在我脑海中久久徘徊。对于演员而言，唱戏是其职业；对于讲师来说，授课则是我们的职责，所以我们的讲师也应当做到"课比天大"。不能随意更改课程，要依照标准化的内容进行授课，这是每一位新励成讲师必须坚守的原则。我们的核心价值观是以学员为中心，以奋斗者为本，那么落实到每一位讲师身上，如何践行以学员为中心呢？我认为就是坚决秉持"课比天大"的理念。

2017 年，我们有位讲师在武汉授课，完成了前两天的课程。周中时出了点小意外，他的脚受伤了，去医院打上绷带，只能拄着双拐行走。当时，我们立刻协调其他讲师来讲完后两天的课程，然而全公司讲师的课程都已排满，最后我亲自前往武汉讲授最后两天的课程。在讲课过程中，我看到这位讲师拄着双拐走进教室，同学们和我都深感震惊。他受伤如此严重，且课程已有他人替代，可他还是来了。下课后我问他为何还要来教室，伤得这么重，应当赶紧休息调养身体。他说："我许久未在武汉讲课了，这次答应了同学们在此授课，可身体原因使我无法完整讲完课程。尽管公司安排了讲师替代我，但哪怕我不能讲课了，拄着双拐来陪着大家，大家若有不懂的，我也能第一时间辅导，我觉得这是对同学们负责！"

2024 年 5 月的一个下午，我接到一位教学经理的电话，告知我一位刚开课的讲师白天不慎摔倒伤到头部，去医院检查后做了包扎。我听完后的第一反应便是询问他的伤情，心里首先想到的是如何迅速调整课程，既要照顾好他的身体，又不能影响学员上课。我话还未出口，电话那头的教学经理就问我："龙哥，文骁讲师问了我一个问题，我拿不准，所以想请教您。他问我头上包扎着纱布去上课，会不会影响讲师授课的专业形象，会不会违反制度，会不会对学员不敬。"我当即回复，首先关注的是讲师受伤的情况，不建议继续讲课。电话那头回复我，医生和讲师确认过，讲课没问题。随后我表示，在确保这位讲师百分百能上课，且他自己坚持要上课的基础上，课程继续，同时头上包着纱布不影响讲师的专业形象。挂掉电话后，我感慨万分，他受伤后首先想到的居然是会不会影响专业度，这真的是将"课比天大"深深融入了骨髓之中啊！同时，我和他的经理第一时间关心的是讲师自身的健康，这样的双向奔赴正是企业文化成功的关键所在。倘若关注点完全相反，那么这件事的结局或许会截然不同。

在以往，我们提及"课比天大"都认为讲师要坚守这一原则。然而在新励成的发展进程中，我们所说的课不单指讲师讲授的课程，如今我们所遵循的"课比天大"原则意味着产品比天大。那么新励成的产品是什么呢？我认为有三个要点：第一是课程设计本身，第二是讲师对课程的演绎，第三是讲师为学员提供的服务。这三者皆属于我们的产品，这就要求我们在践行"课比天大"的理念时，从产品设计端、讲师教授端、服务端都要力求完美，都要依照标准化进行，都要将最优质的产品提供给我们的学员。

对于我们的讲师而言，"课比天大"就是以学员为中心，就是在践行我们的核心价值观。授课过程中要遵循课比天大的原则，在制作产品的过程中则要坚守"精于自凿"。什么是自凿？此前我曾看过一张图片，画面是一座雕塑，雕塑的上半身已具人形，下半身仍是石块，上半身的人左手持锤子，右手握凿子。初看这张图片，我感到很震撼；再看，体会到的是痛苦；反复观看后，感受到的是一种重生与力量。我为这张图片取了个名字，叫"自凿"，并给自凿下了定义。自凿——为了一个明确的目标，以发自内心的强烈意愿为驱动力，在身体、精神、思想上以极限的标准要求自己，并转化为持续不断的行动，最终达成目标，同时完成更加卓越的自我塑造的过程！这里面包含自凿的五个要求：

其一，要有明确的目标。雕塑在不断用锤子和凿子重塑自己时，脑海中必定有清晰的雕塑完成后的模样，如此才能在过程中不出差错。这就要求我们的讲师在进行课程制作、备课、授课以及为学员服务的过程中，明确我们的终极目标只有一个，那就是助力学员成长，为学员创造价值。

其二，要有发自内心的强烈意愿作为驱动。自凿的过程是痛苦的，如果仅依靠外界的督促与监督，是无法竭尽全力的。外界的监督不可能时刻围绕在我们身边，而且外界的监督带来的是压力，而人本身是抗拒压力的。所以，如果我们的动力源自外界的监督，那么当外界监督消失时，我们很可能会松懈，甚至产生消极行为。这就要求我们的讲师在自我提升的过程中，要有更为强大的目标作为牵引，让这个伟大的目标推动我们前进。

其三，要有高标准。追求上等的可能达到中等，追求中等的只能达到下等。标准在哪里，自我要求就在哪里；自我要求在哪里，解决问题的思路就在哪里；解决问题的思路在哪里，行动的方向就在哪里；行动的方向在哪里，最终结果就在哪里。这就要求我们的讲师在制作课程、自我精进的过程中设立高标准。

其四，要有行动。最终塑造结果的并非脑海中的想法，而是实实在在的行动。

其五，要有结果。图片中的雕塑，无论过程多么痛苦，如果最终雕刻失败，那就不是自凿。我们在工作中关注的并非过程有多努力，而是最终是否取得成果，一切没有结果的努力都是徒劳的。当然，人的成长需要过程，世间之事很少能一蹴而就，这就要求我们在面对不理想的结果时，要有良好的心态，要有长远的目光，要能静下心来与时间做朋友。

经过前面自凿的五个步骤，最终我们能收获什么呢？直观来看，我们得到了一个完美的雕塑作品，成就了一个更优秀的自己，但这并非自凿带给我们的真正价值。从深层次而言，真正有价值的并非雕塑本身，而是雕塑的过程，这个过程让我们拥有了重塑自我的能力与自信。人生的目标不止一个，就像图片中的雕塑，一段时间它想把自己变成一个强健的男士，通过自凿最终实现了目标。又过了一段时间，它的目标可能是让自己变成一位优雅的女士，那么之前自凿的经历能让它快速开启新的自凿之路。

所以，自凿看似艰辛、痛苦，但过程之后的收获却是巨大的。其实，不仅我们制作产品要有自凿的意识，人生本就是一个不断自凿的过程。正所谓人生充满变数，我们无法预知会遇见什么样的人，经历什么样的事，拥有什么样的机遇。这就需要我们具备无论面对何种境遇，都能适应、都能从容应对的能力，也就是需要我们能够随时将自己塑造为不同的模样。由此可见，通过自凿成为何种样子，本身已不再重要，这个过程赋予我们的能力和信心才是真正的财富。

生命因自凿而拥有更多的选择，生命因自凿而拥有更多的可能，生命因自凿而无限宽广！

学习理念：

自成长，互赋能

□ 贾晓雯

在每个人的职业生涯中，难免会遭遇挑战与瓶颈，都需要持续地顺应时势去发展、去自我完善。那么，应当如何去应对呢？我的答案便是"自成长，互赋能"。

为何要自成长？因为人生没有尽头，成长永不停息。

从企业的角度来看，培养员工的学习能力，激发大家的自我成长意识，能够使其不断适应外部环境的变化，进而实现持续的成长与成功。公司所提供的学习机会和平台毕竟是有限的，当个人发展到一定阶段时，必须依靠自我提升和突破。在所有人都行进的这条赛道上，开辟出一条独属于自己的赛道，而这条独特的赛道，是由个人丰富的学习经历所绽放出的花朵、所构筑出的风景铺就而成的。

在我们公司，学习不仅是个人职业发展的核心要素，更是企业文化的关键组成部分。每年年初，公司都会举办一场名为"学习型春节"的活动，这是一场全员参与的培训盛会。通过这种形式，我们共同开启新一年的工作与学习之旅，确保每一位同事在新的一年里都能获得新的启发，实现新的成长。这一举措不仅增强了员工的能力，也为公司的持续发展注入了源源不断的活力。

我们公司非常注重知识的分享与传承，因而常常会邀请业内的大咖前来进行专业的分享。这些讲师不仅学识渊博，更是以其谦逊的态度和亲和力赢得了大家的尊敬与喜爱。通过这些分享，员工们不仅获取了专业知识，更学会了如何持续自我提升以及乐于分享的职业态度。

从个人层面来讲，持续学习和成长不仅是个人完善自我、实现职业发展的基石，更是现代社会中不可或缺的重要部分。在这个瞬息万变的世界里，终身学习已经成为每个人提升自我价值、适应社会变化的必要条件。通过不断学习新的知识和技能，我们能够保持自身的竞争力，同时也能更出色地理解和应对生活中的种种挑战。与企业相互赋能的过程，不仅能让我们在自己的岗位上更长久地发展，还能让我们从内心深处热爱自己的职业，从而与企业协同共进。

以我个人的经历为例，最初加入公司时，我的职位是一名口才演讲讲师。尽管我的专业背景是播音主持，看似能够轻松驾驭教学内容，但我深知"一个讲师要给别人一杯水，自己必须有一桶水"。这句话深深地激励着我，在教授课程之余，不断地学习其他领域的知识。随着时间的推移，我从教学岗位晋升到了管理角色。在新的岗位上，我面临的主要挑战是团队的协调和管理问题，这曾让我感到无所适从。

为了应对这些难题，我开始积极参加管理技能和沟通能力方面的专业培训课程，并阅读了大量行业相关的书籍。我通过不断地学习和实践，逐渐掌握了多种管理工具和策略，这不但提高了工作效率，也极大地增强了领导团队的能力。这些学习的经历不仅助力了我的个人成长，更让我深刻地认识到持续学习的极端重要性。总之，无论是在职业生涯还是个人生活中，持续学习都是推动自我不断前进的关键动力。

为何要互赋能？因为相互赋能才是真正实现合作共赢的途径。

杰克·韦尔奇，这位前通用电气（GE）的首席执行官，因其对公司文化和运营的彻底变革而闻名于世。韦尔奇坚信终身学习的重要性，并将这一理念深深地根植于公司的企业文化之中。在他的任期内，韦尔奇推动了一个名为"工作场所学习"的倡议，旨在鼓励员工持续学习并与同事分享知识。韦尔奇本人也是学习方面的楷模，他不断更新自己的管理知识，并将最新的管理理论应用到日常运营中。这种对学习的执着不仅提升了他个人的领导力，也使得 GE 的市场资本在他的领导下实现了前所未有的增长。他的这些努力充分体现了自我成长与相互赋能的重要性，通过学习和分享，每个人都有机会成为改变游戏规则的领导者。

值得一提的是，我们的讲师也积极参与外部培训，然后运用自己的经验和所学回馈团队，实现知识的循环利用和价值的成倍增长。这种从个人到集体的学习热情，构建起了一个互助成长、共同进步的团队环境。这些措施不仅让员工深切体会到学习的重要性，更使他们能够将所学应用于实际工作中，从而显著提高整个团队的工作效率和协作能力。正如我们常说："在知识的海洋里，每一次学习都是向着卓越迈出的一步。"通过这种方式，我们不仅成就了个人，也有力地推动了整个公司的发展和创新。

在我们的团队中，优秀的员工以愿意分享自己的成功经验和知识的态度而著称。很多时候，我们在工作中会遭遇诸多困难，尤其是新同事在刚开始上手工作时。让我非常自豪和骄傲的是，印象中的每一位，没错，是每一位优秀的同事，都愿意不厌其烦地分享在类似问题上的经验和解决策略。比如，我曾经听过的培训就涵盖了沟通、关系、职业规划、专业知识等各种各样的维度。这些分享不仅解决了当下的问题，还极大地提升了员工的信心。这种相互学习和支持的文化，使得整个团队在面临挑战时能够更加团结、更加高效。

学习就如同砥石，只有不断地磨炼自己，才能始终保持锋利，不被这个世界所磨平。

自成长与互赋能是我们公司文化的重要组成部分，这不仅因为它们带来了直接的业务成果，更因为它们营造了一种持续进步、共同成功的企业氛围。正如我们所倡导的，"人生不止，成长不息"。它时刻提醒着我们，无论处于职业生涯的哪个阶段，都不应停止学习和成长的脚步。"相互赋能，才是真正的合作共赢"，通过持续学习和相互支持，我们能够共同战胜挑战，实现更为伟大的成就。同时，这种文化不仅增强了员工的满意度和忠诚度，也为公司带来了持续的创新和竞争优势，充分证明教育和成长是任何成功企业都不可或缺的重要元素。知识的海洋无边无际，唯有持续地学习，相互赋能，才能让我们的航船航行得更远，驶向更加广阔的天地。

在实际的工作场景中，自成长能够让我们更加敏锐地捕捉到行业的细微变化，及时调整自己的知识结构和工作方法，以适应新的需求。比如，随着数字化技术在教育领域的广泛应用，我们需要不断学习新的在线教学工具和方法，以提升自己的线上教学能力。而互赋能则让我们在面对复杂的项目时，能够迅速整合团队成员的优势资源，实现高效协作。比如，在策划一场大型的培训活动时，拥有丰富组织经验的同事可以分享流程管理的技巧，擅长营销的同事可以提供宣传推广的思路，大家相互借鉴、相互补充，共同打造出一场精彩而成功的活动。

又如，当我们面对市场竞争的压力时，自成长让我们不断提升自己的专业素养，开发出更具竞争力的课程产品；互赋能则使我们能够从团队成员那里获得不同的视角和建议，完善产品方案，提高市场占有率。这种自成长与互赋能的有机结合，不仅推动了个人的发展，还促进了整个团队和公司的进步。

此外，自成长和互赋能的文化还能够吸引更多优秀的人才加入我们的团队。那些渴望不断进步、追求共同成长的人才，会被我们这种积极向上的文化氛围所吸引，为公司带来新的活力和创新思维。同时，这种文化也有助于留住现有的优秀员工，让他们感受到在一个充满机遇和支持的环境中工作，从而激发他们更大的工作热情和创造力。

总之，**自成长和互赋能是相辅相成、缺一不可的。只有将两者有机结合起来，才能在个人发展和团队协作中取得更好的成绩，实现更大的价值。**在未来的发展道路上，我们应当始终坚守这一理念，不断努力，共同创造更加辉煌的业绩。

十六大行为准则

- 敬畏制度，尊重流程

- 品行就是通行证，绩效就是话语权

- 凡事有交代，事事有回应

- 过程就是奖励，管理就是服务

- 无私才能无畏，有为才能有威

- 基层要有饥饿感，中层要有危机感，高层要有使命感

- 板凳要坐十年冷，一生专注一件事

- 受得了委屈，经得起诱惑，扛得住打击，放得下成功

- 不指责、不抱怨、不说小话，有建议正面提出

- 一切为了前线，让听得见炮火的人做决策

- 自我驱动、自我学习、自我管理、自我批评的员工将被重用

- 讲真话，对事不对人，不做老好人

- 永远要相信，你做的事情别人一定都知道

- 如果上级不采纳我的建议，我选择像军人一样无条件服从

- 沟通最差的境界就是不沟通，低效率的表现就是信息不对称

- 如果希望企业对我"人"性化，我首先要做个企业化的"人"

敬畏制度，尊重流程

□ 赵　烨

古语有云："凡善怕者，必身有所正，言有所规，行有所止。"这句话如同智慧的明灯，照亮了人们内心的深处，让我们深刻理解到敬畏之心对于个人品行与行为的重要性。它告诉我们，那些心怀敬畏之心的人，不仅立身正直，言行也合乎社会规范，行为更是有其明确的准则和界限。

敬畏之心，是一种对规则、对他人、对社会的尊重和畏惧。它让我们明白，无论身处何地，都不可忘记自己身为一名社会成员的职责和义务。在我们的人生旅途中，总是不可避免地置身于各种各样的规则之中，这些规则，有的被明确地写入法律条文，有必须严格遵守的底线；有的则是在长期的社会交往中，经过无数人的智慧积淀而形成的约定俗成的道德准则，是行为举止的参照。

正是因为有了敬畏之心，我们才能够清晰地认识到这些规则的存在，明确自己行为的边界。我们不会轻易地逾越这些边界，而是会时刻提醒自己，要以正确的言行去规范自己的行为，以善良的品格去对待他人。 这样的我们，不仅能在社会中赢得他人的尊重和信任，更能在人生的道路上稳步前行，行稳致远。

相反，如果一个人心中没有敬畏之心，那么他可能会误以为自己拥有无限的自由，可以随心所欲地行事。然而，这种看似自由的状态往往会带来严重的后果。他可能会做出侵犯他人权益的行为，给他人带来困扰和伤害；也可能会忽视社会的规则和道德准则，从而走向错误的道路。这样的人，最终只会让自己陷入困境，甚至走向毁灭。

因此，我们应该时刻提醒自己，要时刻保持敬畏之心。无论是面对法律条文的明确规定，还是面对约定俗成的道德准则，我们都应该严格遵守，不做违背规则和道德的事情。同时，我们也应该学会以善良和尊重的态度去对待他人，以宽容和理解的心态去处理人际关系，只有这样，才能够真正地成为一个有品德、有修养、有作为的人。

接下来谈谈尊重流程。我曾经阅读过一本书，名为《精益工作法》。在这本书的开篇，提到了这样一个引人深思的事件。有一家名为美国恩赏的餐厅，在第二天接到了两个重要的订单，一个是 40 人份的午餐，另一个是 140 人份的宴会订单。为了完成这两项艰巨的任务，餐厅迎来了 19 名新员工，他们之前从未在高级餐厅工作过。至于菜单，除大厨利普马的助理和主烘焙师外，其他人都未曾见过，更别提准备过菜单上那些制作工序复杂的精品菜了。

第二天就要举行宴会，这些新手真的能够相互配合，出色地完成任务吗？这无疑是一个巨大的挑战。

然而，当宴会结束后，结果却出人意料。宾客们都非常满意，甚至还有一些宾客为了这顿美餐等待了好几个月。令人惊讶的是，宾客们丝毫没有察觉到这顿丰盛的大餐竟然是由一群新手厨师操刀完成的。

这难道是发生了奇迹吗？答案显然是否定的。

使得这种看似不可能完成的任务变为可能，并非什么奇迹，而是流程的力量！当我们拥有了明确的流程并严格遵守时，每个人都能清晰地知道在每一个步骤中自己应该做什么，应该如何去做。同样，从流程的初步系统化到逐步精细化的过程中，离不开一群人在其中付出的辛勤努力，所以我们更应当尊重流程。

首先，制度如同道路上的指示牌，为我们指明了正确的方向，告诉我们应该去做哪些符合道德、法律和组织规范的事情。在一个企业中，财务制度明确规定了资金的合理使用和管理方式，员工只有敬畏这些制度，才能避免出现挪用公款、违规报销等不当行为，从而维护企业的财务健康和稳定发展。在社会生活中，法律法规作为最基本的制度框架，约束着我们的行为。只有敬畏法律，我们才能自觉遵守交通规则、不侵犯他人的权益，共同营造一个和谐、有序的社会环境。

其次，流程就像是详细的地图，为我们规划了实现目标的具体路径，指导我们如何以正确、高效的方式完成任务。在生产制造领域，如果每个工人都能严格按照工艺流程进行操作，就能保证产品的质量稳定，减少残次品和废品的产生，提高生产效率，降低生产成本。在项目管理中，遵循科学合理的项目流程，可以有效整合资源，明确各部门和人员的职责，确保项目按时、保质、保量完成。

敬畏制度和尊重流程是相辅相成、缺一不可的关系。敬畏制度是尊重流程的基础和前提。只有对制度怀有敬畏之心，我们才会自觉地去遵守制度，并按照流程的要求去执行任务。而尊重流程则是敬畏制度的具体表现和实践方式，通过遵循流程的每一个环节和步骤，来确保制度的有效实施和目标的实现。

在现实生活和工作中，我们时常会遇到一些人，他们认为制度过于严格、流程过于烦琐，试图寻找捷径或者打破规则。然而，这种短视的行为往往会带来一系列严重的后果。比如在公路上，如果有人不遵守交通信号灯，随意闯红灯或者超速行驶，不仅会危及自己的生命安全，还会给其他道路使用者带来致命的威胁。在企业运营中，如果采购人员不按照既定的采购流程进行操作，可能会导致采购的物资不符合质量标准，影响产品的生产进度和质量，进而损害企业的市场声誉和经济效益。

同时，我们也要清醒地认识到，制度和流程并非一成不变的僵化教条。随着外部环境的变化、技术的进步和业务的发展，可能需要对现有的制度和流程进行适时的优化和改进。但这必须通过正规的渠道和程序，经过充分的调研、论证和审批，而不是随意地擅自更改或破坏。

综上所述，制度让人明确做正确的事，流程让人学会正确地做事。敬畏制度使我们能够把握行为的边界，避免越界和犯错；尊重流程让我们关注做事的过程，确保每一个环节都严谨高效。

　　无论是个人的成长与发展，还是企业的壮大与繁荣，都离不开对制度的敬畏和对流程的尊重。让我们将敬畏制度和尊重流程的理念深深植根于内心，落实到行动中，以更加规范、科学、高效的方式去追求我们的目标，创造更加美好的未来。只有这样，我们才能在复杂多变的社会立足，实现自身的价值，为社会的进步贡献自己的力量。

品行就是通行证，绩效就是话语权

□ 宋少洲

在新励成，品行是一个人的根本所在。哪怕一个人能力超群，但若品行不佳，公司也绝不会接纳。即便是高管出现品行问题，也会一视同仁地对待。公司对于品行出问题的员工采取零容忍的态度，绝不容许有丝毫的姑息。

那么，究竟什么样的行为算是不良品行呢？一般来说，不良品行指的是员工为了谋取个人私利，不惜损害公司和客户的利益，甚至胆敢触碰法律法规的红线。短期内的不良品行往往比较直观明显。比如，在某个学训中心曾经发生过这样一件事：一名讲师临近考核的关键节点，居然拿出 1000 块钱，试图请好几位咨询顾问把不属于他的业绩算在自己头上，以便顺利完成考核并实现个人晋升。然而，这位讲师的行为并未得到同事们的认可，大家纷纷拒绝了他。而且，这件事还被领导知晓，他也因此受到了相应的惩处。从这个例子不难看出，这位讲师为了自身利益而损害公司利益，其品行显然存在问题。这种品行问题，本质上就是损人利己，是在利益面前做出的错误抉择。

短期的行为抉择能让我们较为容易察觉到品行的恶劣之处，但长期行为中的利益抉择以及模糊的判定标准，却使得许多事情变得复杂起来。

在一个企业中，每一个成员对于自己所做贡献的评判，通常都会比实际贡献要大，这是人性使然。假设一个企业的成果是由以下四部分人的贡献共同创造的：普通员工对自己的贡献预期是A，股东对自己的资金贡献预期是B，核心员工对自己的贡献预期是C，高层管理对自己的贡献预期是D。那么，A+B+C+D必然会大于100%。然而，在企业利益的分配过程中，企业的核心管理层需要妥善处理好这超出100%的诉求。这无疑大大增加了企业管理的难度。而且，在企业真实的经营过程中，除了进行利益分配，公司可能还需要预留一部分资金用于公司的发展、风险防范等方面。此时，公司内部利益的协调与分配所面临的困境就会显著加大。在这种情况下，团队成员的心态容易失衡。长期的心态不平衡，如果得不到妥善处理，就会积累负面情绪。当这些情绪累积到一定程度时，就会爆发出来。

在企业不断发展壮大的过程中，如果核心成员的心态没有得到恰当的处理和调整，或者无法自我调整好，那么他们很可能会出现心态失衡的情况，从而在中途退出。如此一来，在企业做大做强、收益提高的过程中，他们便无法享受到企业发展所带来的红利。因此，企业文化的建设以及大家对工作价值的精神追求的塑造，就显得尤为重要。其目的是希望大家能够携手走到最后，而不是仅仅依靠利益分配来维系关系。

所以，"品行就是通行证"这句话具有两层含义。其底层含义是，对于员工的短期利益抉择行为而言，品行过硬，意味着将自己的利益置于公司和集体利益之后。这样的人在公司中能够畅行无阻。然而，这句话更深层次的含义在于，公司的每一个个体需要对自己的贡献预期进行合理控制，在个人利益的追求与工作价值的追求之间找到平衡。只有做好了这样的平衡，才能在公司中走得长远。同样的道理，公司的高层在利益分配的过程中，能否做到公平合理，是公司能否顺利发展壮大的关键因素。如果总体利益分配得当，那么公司团队就能不断壮大，核心人才就能够得以留存，合作伙伴就能够齐心协力，公司就能在竞争中接连取胜。反之，如果团队成员的收入无法得到保障，核心人才的基本诉求和精神追求无法得到满足，就会导致人才不断流失，合作伙伴纷纷离去。公司在发展的道路上将会举步维艰，最终的结果也难以尽如人意。

绩效就是话语权

我于 2014 年来到新励成学习。当时北京仅有这一家学训中心，所以其生存压力巨大。因此，我们当时的企业文化是"业绩就是话语权"。因为对于一个小公司而言，只有存活下来，才有一切可能。倘若无法生存，空谈再多也无济于事。对于早期的新励成学训中心来说，也是同样的道理。如果没有业绩，公司就没钱支付场地费用，没钱给员工发放工资，没钱进行推广，没钱升级产品，公司的成长就无从谈起。所以在成立初期，我们强调业绩就是话语权。

后来，公司逐渐由小变大，从一家学训中心发展到两家、三家，直至全国 110 家学训中心。新励成不再是一个单一的个体学训中心，而是成为一家中等规模的公司。此时，公司的经营导向不再仅仅以业绩为唯一标准。对于员工的要求，也从单纯的业绩转变为绩效。因为如果一个员工只有出色的业绩，但对团队内部产生了极差的影响，那么他给团队带来的损失，很可能远远超过他对团队的贡献。所以，我们用"绩效就是话语权"取代了原有的"业绩就是话语权"这一企业文化。

如今，新励成公司分为直营和加盟学训中心两个板块。对于总部而言，"绩效就是话语权"这一理念已经深入人心，大家也普遍达成了共识。但对于加盟商来说，有时会在绩效和业绩之间感到纠结。比如，加盟学训中心经常会遇到这样的情况：某个咨询顾问业绩能力非常突出，但在团队中无法形成正面的影响力，甚至还会对其他团队成员产生负面影响，对待学员态度懈怠，团队关系紧张等。这个时候，大家可能会感到迷茫，到底是绩效重要，还是业绩更重要？

但其实，如果我们仔细分析就会发现，对于一个学训中心而言，如果想要取得良好的业绩，除了一线的咨询顾问，还有多个部门在背后持续发力。市场部为我们进行品牌推广，产品部研发、升级新的课程，TMK（电话营销部门）通过一通又一通的电话将客户邀约到现场，产品技术部用更优质的产品为前端服务提供支撑。所以，从学训中心的角度来看，我们并非单打独斗。有可能我们的咨询顾问完成了一笔业绩的回款，但这笔功劳的背后，有无数默默无闻的人在付出努力。并不是谁完成了回款，谁就对这笔业绩拥有 100% 的贡献。相反，如果换一个咨询顾问，我们可能也能取得相近的结果，只是金额上会有所差异。

所以在平台上，我们有时确实容易迷失自我，认为平台离开自己就会怎样。但实际情况恰恰相反，平台不会因为某一个人的离开而停止正常运转。平台之所以称为平台，正是因为有无数人的共同努力和付出。换一个人，或许做得更糟，但也有可能做得更好，这是个未知数。因此，对于每一个人来说，都应对平台怀有一份敬畏之心，对工作持有一份敬畏之情。有了这份敬畏心，我们的眼中就不会只有业绩。

绩效实际上就是业绩加上正面的影响力。**如果团队成员都能拥有积极的影响力，那么团队氛围就会越来越好，产出会越来越多，最终大家形成强大的合力，结果也会越来越出色。我们能够提供更优质的产品，服务更多的学员，让学员获得更大的提升，同时我们的业绩也必然会更高。**

所以到最后我们会发现，无论是总部还是加盟商，无论是一个学训中心还是多个学训中心，"绩效就是话语权"已经完全可以取代"业绩就是话语权"。我们从来都不是孤立的个体在战斗，而是整个公司在协同作战，我们的背后有一群志同道合的伙伴。学训中心取得好成绩的背后，除了咨询顾问的付出，还有讲师、品牌部、市场部、产品部、TMK 等多个部门的共同努力。是所有人共同铸就了良好的结果，所以维护一个良好的工作环境，是我们所有人的责任。这就要求我们对员工的最终考核，不能仅局限于单纯的业绩，而应该是绩效，即员工对公司的贡献不仅包括业绩产出，还包括软性的影响力。只有那些既有贡献又有正面影响力的人，才能让公司成为一个更出色的工作平台，让所有人都能在这个平台上受益。

凡事有交代，事事有回应

□ 邓晓颖

在我们日复一日的生活轨迹中，人与人之间的交往频繁而复杂。无论是工作还是日常相处，我们往往更倾向于与那些被我们认定为"靠谱"的人打交道。这是为什么呢？原因很简单，因为"靠谱"的人能够给予我们一种难能可贵的安全感。

就拿团队合作来说，这是我们在工作中常常面临的场景。在团队协作的过程中，各种各样的状况和问题层出不穷。那么，面对这些纷繁复杂的局面，我们究竟应该如何巧妙应对、妥善处理呢？在我看来，其中一个极其重要的准则便是"凡事有交代，事事有回应"。唯有如此，才能让与你并肩作战的伙伴感到无比踏实和放心。

在企业文化建设的进程中，另一个不容忽视的关键要素就是致力于培养员工的闭环管理能力。对于每一位职场人士而言，养成良好的闭环意识具有至关重要的意义。那么，究竟什么是闭环意识呢？简单来说，它指的是一种对自身工作高度负责的态度，能够对自己的每一项工作和每一个行为负责到底，保证每一件事情都能有清晰明确的交代和及时有效的回应。这里所强调的，并不仅仅是简单的回复，也不仅仅是能力的强弱，更不仅仅是做出了何种承诺，而是要做到"事事有责任，事事有担当，事事有始有终"，形成一个完整的"接任务—处理中—有反馈—再完善"的行为闭环。这种闭环意识涵盖了三个关键要点：责任意识、担当精神和回应能力。

首先，责任意识乃是闭环意识的基石。不管是接手一个全新的项目，还是处理那些看似平常的日常事务，我们都必须时刻铭记自己所肩负的职责，对自己的工作负责到底。具备强烈责任心的人，会主动思考"我应该做些什么？""我有哪些需要完成的工作？"并且会积极主动地付诸行动，竭尽全力确保工作得以善始善终。反之，那些缺乏责任意识的人，则想方设法推卸责任，将错误归咎于他人，甚至在工作中途选择放弃，留下一个难以收拾的烂摊子。

想必大家在工作中都曾遭遇过这样的情况。提前约好的时

间，你准时到达，可对方却轻描淡写地告诉你，他临时有事来不
了。结果，你的宝贵时间就这样被白白浪费，工作进度也不得不
因此而延误。倘若想要牢牢把控好自己的工作进度，往往就不得
不牺牲自己的休息时间来弥补。

如果说这样的爽约对工作的影响还不算太大，那我刚好回忆
起一次在和朋友交流时听到的一个令人深思的故事。有位老板，
为了全面总结大家一年来的辛勤成果，激发员工在新的一年里的
昂扬斗志，特意将年会安排在了年底。然而，年底恰恰是大家全
力冲刺业绩的关键时刻，所以组织排练年会就成为额外的工作任
务，把人员召集起来自然是困难重重，不是这个人没时间，就是
那个人抽不开身。经过将近一周的反复沟通协调，他才好不容易
确定了各部门的年会节目。他自己除了负责年会的统筹工作，还
亲自参与了一个开场节目。这个节目的演员来自不同的部门，日
常彩排时大家很难凑齐时间，所以排练进度一直缓慢。无奈之
下，他录制了教学视频，让大家可以回家自行练习。整个过程还
算顺利，大家也会自发在群里打卡汇报练习情况。

然而，就在临近正式表演的前两天，他早早和大家约定好
了彩排时间，大家也都陆续抵达了现场准备彩排。正当他感慨
终于把人聚齐的时候，主演的意外"出走"让他见识了一个"不
靠谱"的人能离谱到何种程度。彩排即将开始，主演突然宣称前

一天领导通知他临时出差，无法参加演出，说完便扬长而去。他和其他十几个演员面面相觑，脑袋里一片空白。他说当时自己恨不得拥有十八般武艺，再变出一个分身来代替主演进行表演。但现实毕竟不是电视剧，无法任由想象天马行空。由于演出迫在眉睫，临时找演员已然来不及，准备时间太过仓促。为了保证节目效果，他们无奈之下只能取消主演的角色，与其他演员一起重新修改脚本，将其改为集体开场节目。老板和各部门领导前期对这个节目抱有极高的期望，所以他们只能硬着头皮让节目按计划进行。最终的表演效果可想而知，时间紧迫再加上大家上台紧张，表演过程中出现了好几次失误。

不妨设想一下，如果这位同事在收到出差通知的第一时间，能够及时告知负责人或领导自己的行程安排，共同探讨能否协调解决，让大家都提前有所准备，那么这个节目或许就不至于遭遇如此惨痛的滑铁卢。

其次，担当精神是闭环意识的重要体现。在当今的职场环境中，众多复杂艰巨的工作任务往往需要跨部门、跨职能团队的紧密协作与默契配合才能够圆满完成。在这样的工作氛围下，每一个人都应当拥有强烈的责任感，主动承担起属于自己的那份任务，为工作的顺利推进贡献力量。担当精神要求我们在遭遇艰难险阻时，绝不选择逃避、推诿，而是勇敢地直面挑战，积极主动地探寻解决问题的有效途径。

　　具体来说，当我们面对工作任务时，应当清晰明确地界定自己的职责范围，并全身心投入其中，力求出色地完成。对于本职范围内的工作，我们要追求尽善尽美，力求达到卓越的水平，将工作做到极致。而对于那些额外的、临时性的工作任务，我们同样需要积极主动地接手，并竭尽所能去完成，体现我们的专业素养和高度的责任心。

　　担当精神不仅体现在对具体工作任务的勇敢承担上，更体现在对整个工作流程的精准把控和强烈的责任心上。一个具备闭环意识的人，会对工作过程中的每一个细微环节都进行严格的监控和精准的把握，确保每一个环节都能够依照预先设定的计划和目标稳步推进。只有如此，才能够保证整个工作流程的高效顺畅运转，有效避免因为某个环节的疏漏失误而导致整个工作的功亏一篑。

　　反之，如果一个人缺乏担当精神，一味地推诿责任、敷衍应付，不仅会极大地挫伤团队的士气，还会让同事和领导对我们产生深深的不信任感。长此以往，我们在职业发展的道路上必然会举步维艰，难以取得显著的进步。

　　因此，我们必须充分认识到担当精神在个人职业生涯中的关键重要性。在日常工作中，我们要勇敢地承担起责任，毫不畏惧地迎接各种挑战，用实实在在的行动来证明自己的价值和能力。同时，我们还要学会对整个工作流程进行全面的把控和精准的监控，确保工作任务的顺利圆满完成。只有这样，我们才能在同事和领导面前树立起专业、可靠的形象，为未来的职业发展奠定坚实的基础。

做事有始有终的重要价值更是不言而喻。我们应当在工作过程中对自己提出严格的要求，从最初的方案策划制定，到最终的成果交付，每一个环节都需要我们精心谋划、用心把握，严格确保工作的质量和效果。只有这样，我们才有可能在职场的激烈竞争中崭露头角，成为备受信赖和尊敬的人。

最后，回应能力是闭环意识的核心关键所在。在职场的大舞台上，回应能力的重要性不言而喻，因为它直接关系到我们的工作效率和团队协作的实际效果。我们需要时刻保持敏锐的洞察力，主动关注工作中可能出现的各种问题和挑战。学会提前思考，充分预想可能发生的各种情况，并提前制定相应的预案和应对策略。如此一来，当问题真正出现时，我们就能够迅速做出反应，并采取行之有效的措施加以妥善解决。

我们要学会及时、准确地回应各种工作需求和问题。例如，当同事或上级通过邮件向我们询问问题或者交代工作任务时，我们应在第一时间做出回应，并给出清晰、明确、具体的答复，而绝不能拖延许久甚至干脆不予回复。这样做不仅能够避免工作进度受到不必要的影响，还能够让对方深切感受到我们对工作的高度重视和认真负责的态度。

当遭遇复杂棘手的问题时，我们要敢于挺身而出承担责任，积极主动地寻找解决问题的方法，并与团队成员齐心协力共同应对挑战。这样做不仅能够提升我们个人的能力和影响力，还能够为整个团队创造出更大的价值和效益。只有持续不断地培养和提升自己的回应能力，我们才能够在职场的激烈竞争中立于不败之地，成为值得信赖和尊敬的人。

综上所述，"凡事有交代，事事有回应"是每一位职场人士都必须时刻铭记于心的重要原则。**唯有培养出良好的回应意识、强烈的责任担当，我们才能在激烈残酷的职场竞争中脱颖而出，实现自我价值的显著提升，迈向更加稳固的职业发展道路。**

过程就是奖励，管理就是服务

□ 阴 妹

在这个物欲横流、极度追求结果达成的时代，生活中的人们终日忙碌不停，然而，似乎大多数人并不清楚自己究竟在忙些什么，又在追求着什么。人这一生，往往都在追寻终极的结果，一路匆忙，一路疾进。但为何说过程就是奖励呢？曾经的我，对此并不认同，认为做任何事都应全力追求结果，甚至不惜一切代价。但往往很多时候，即使达成了目标，却发现许多人在过程中毫无享受可言，在取得结果时自然也难以感受到真正的价值感和满足感。

在我进行《心理素质》课程授课时，会向同学们分享一个叫作"反败为胜的人生三问"的话题，通过"问问题"的方式来调整每个人的意识焦点。其中一个问题便是：我要如何达成目标并且享受其过程。达成目标诚然重要，但做好了过程管理，结果通常也不会太差！所以，达成目标固然关键，但享受过程同样具有不可忽视的重要性。

2020 年 11 月，我前往公司总部。一天下午，老师告知我有一位学员代表将在年会上发表 10 分钟演讲，需要进行辅导，我毫不犹豫地立刻应允。这位学员最初非常拘谨，甚至念稿件时都显得极其不自然。于是，我先给予鼓励并调动其情绪，接着逐字逐句地修改，一段一段地练习，进行完整的排练。经过 3 个小时的精心辅导，到最后再次呈现时，学员已能够自信从容且充满能量地表达。学员感受到了巨大的突破和改变，对我说："阴妹讲师，您太优秀了，太厉害了！"那一刻，我内心感动不已。次日，在面对千人峰会时，学员的发挥超乎我的想象。站在台下，望着聚光灯下的学员，听着台下雷鸣般的掌声响起，我的心中满是骄傲和自豪。

是啊，很多时候我们做任何事都觉得应该有所收获、有所回报，但其实有时候做事的过程本身对我们来说就是一种奖励。就像我们从事口才、沟通、演讲，从事软实力的教育，这件事本身就是对我们极大的奖励。在中国传统的教育中，学校教育重视的是人才培养的学科结构，也就是我们所熟知的硬实力，而往往很多时候却忽略了人的底层基础结构，也就是一个人的软实力，忽略了人最底层的教育，包括人与自然、人与他人、人与社会相处的教育，等等。所以，通过软实力的教育能真正打造一个有思想、有智慧、有人格魅力的人。当然，这个教育过程不能仅由学校完成，而应是学校、社会、家庭共同努力的结果。如此美好的事业让我们来做，这本身就是一种福报，这个过程本身就是奖励。而且，我坚信，当我们在过程中追求品质，结果必然不会太差。后来，若干年后听闻这位学员在当地的学训中心，帮助和影响了众多伙伴持续成长、成就他人。这难道不也是对我们的奖励吗?

在纳瓦尔的经典著作《纳瓦尔宝典》中，对"钱"给出了一个全新的定义：钱是这个社会打给你的欠条。意思是当我们为这个社会贡献越多、给予更多，在这个不断付出的过程中，自然一切都会向你而来。因为在你支持、帮助、利他的过程中，这本身就是一种奖励，无所求必满载而归。当我们通过劳动、创造价值或提供服务而获得金钱时，这些钱实际上代表了社会对你所做贡献的一种认可和承诺，相当于一张欠条。就如同我们今天所讲的过程就是奖励，很多人一生只追求金钱，但在获得金钱的过程中，我们首先是对这个社会有所贡献、有所付出，真正享受过程中的精彩体验，最后就会发现，这个过程就是对我们最大的回报、最大的奖励!

管理就是服务

时代的车轮滚滚向前，在当今的任何企业、任何团队、任何组织中，无论规模大小，从基层管理到 CEO，都以管理之名行事。在传统的管理理念中，通常认为下属是为上级服务的。众所周知，在职场向上发展的过程中，越是处于掌权阶层，上级可能越没有照顾下属的义务。直到有一次，在一篇推文中，我看到得到 App 的创始人罗振宇老师的分享。在他们公司，每个团队都需要写周报，但只有管理者需要写，也就是只有管人的人需要写周报。并且，周报的汇报对象不是上级，而是管理者对应的下属。管理者不需要给上级汇报工作，而是要给下属汇报工作。另外，还有一个统一的格式，包含本周工作、下周计划、心得与思考、视野与情报四个部分。按照这样的方式，上级将每周周报汇报给下属。罗振宇老师本人，也要向公司的高层写周报。这种方式何尝不是管理者服务意识的一种体现呢？作为管理者，要服务的对象并非客户，也不是上级，而是下属！

在现实工作中，绝大多数公司仍处于传统的管理模式。这样的模式对于传统的管理理念而言，有些不可思议，甚至打破了管理的固有思维。过去，领导在下属的心目中往往有一种高高在上的感觉，而上级给下属写周报，变相提升了员工在团队和组织中当家做主的感受，让员工体会到被尊重。领导做了什么，下属也能一目了然。得到联合创始人脱不花也说："糊弄上级是很容易的，糊弄下属是很难的。"与此同时，员工在这个过程中，能够学习到管理者的思维信念和价值观，也让下属清晰地知晓团队的目标和方向，管理者也会督促自我，不断成长。如此，就能建立起一支相互信任、相互协作、能打胜仗的团队！

管理就是服务，管理的目的和意义在于实现整个组织和团队的目标。所以我们需要不断探索如何服务好组织中的个人。**作为管理者，我们始终需要不断思考应当如何培养下属、如何凝聚下属、如何服务好下属，最终通过团队来达成目标**。那服务到底是什么呢？服务绝非流于形式的讨好与付出，我认为真正的服务是"走心"的，是一种"意识"，是一种内化于心、外化于行的工作状态，是"我愿意"！作为管理者，要愿意为团队、为伙伴们不断奉献自己的力量。真诚至上，用心站在被服务者，也就是团队员工下属的角度，多多考虑他们的想法、感受和需求。

在工作中，最大的乐趣和魅力不仅存在于工作之外，更重要的是在工作过程中，在付出的过程中。不是工作需要你，而是你需要工作。工作最大的激励也并非在工作之外，而是在工作之内。在劳动中获得的喜悦和成就感，世上没有任何东西可以与之相比。不只为目标和结果而活，过程本身就是奖励，野心成就不了的，热爱可以。精于此道，以此为生，以此为乐。在公司对管理者的要求中，常有四个标准，分别是：勤奋的标兵、业务的高手、思想的导师、生活的保姆。管理就是服务。一个管理者，就是要给他部门的员工提供愿景、提供梦想、提供支撑、提供资源、提供能力，提供能够帮助员工成长的所有东西。管理不仅是一种职能，更是一种意识，一个管理者若没有服务意识，是绝对做不好管理工作的。

管理就是服务，这样的服务理念是团队与组织不断向前发展、迈向新台阶的重要保障。服务理念也是企业或组织在提供服务过程中，必须秉持的核心价值观和指导原则。**首先要做的就是"以客户为中心"，将客户的需求和满意度置于首位，努力满足并超越客户的期望**。而作为管理者的客户，不是你的上级，其实就是你团队的伙伴，需要为大家提供高品质、高标准的服务，不断追求卓越。在服务中要保持诚实守信，营造良好的团队氛围。其中，非常重要的是对员工的个性化关怀，尊重员工的个性差异，为每位员工提供有针对性的培训和服务，帮助学员持续改进。最终，打造管理就是服务的氛围，打造出一支高效能、高产出、高能量的团队。

无私才能无畏，有为才能有威

□　吴晓健

在人生的舞台上，许多人在追求某种价值，努力让生命更有意义。今天，我想和大家分享两句话，若我们都能做到，相信我们的人生必将闪耀着光芒的品质，获得卓越的成就。这两句话便是"无私才能无畏，有为才能有威"。

首先，让我们来谈谈第一句话：无私才能无畏。新励成有一门课程叫作《生命的绽放》，其中将自私的状态形容为"小我"。当一个人只关注个人利益得失时，得失心过重会导致心态失衡，使自己陷入困境，只能活出局限性的人生。

有这样一个故事：一个小和尚在庙里潜心研究佛经，参禅打坐。十年后，他觉得自己已生慧根，有了佛心。一天，老和尚突然召集全寺上下，宣布要挑选有慧根的小和尚接任方丈一职。从此，小和尚更加用心修行，但一段时间之后，他却感到自己不进反退，原本的佛心也变得若有若无。他很困惑，于是去问老和尚。老和尚没有直接解释，而是带他去集市买甜瓜。他们来到一个摊位前，摊主随手掂了掂一个甜瓜，说："一斤六两。"小和尚感到很惊奇，便用旁边的秤称了称，结果丝毫不差。摊主说："我卖瓜卖了40多年，绝对不会错。"老和尚突然说："我们只要一个甜瓜，如果你能猜出它的重量，这锭银子就归你了。"说着拿出一锭银子，大家一看，足有一两重，够买这一摊子的甜瓜了。众人都满怀希望地看着摊主，结果摊主用右手掂了掂，觉得不合适，又用左手掂了掂，咬了咬牙说这个瓜一斤三两。随后，方丈用秤称了称，却是一斤半，整整差了二两。众人都大惑不解，很是纳闷。老和尚说："如果一个人总是太注重眼前的利益，而忽视了过程，他的双眼一定会被蒙蔽。所以，不管做什么，都要保持一颗平常心，没有私心的时候能量最大。"小和尚终于明白了，回去后潜心修行，最终成为有名的大愚禅师。

在现实生活中，我们很多时候也会像故事中的摊主一样。就拿演讲来说，我在新励成讲课十年有余，看到过很多人突破恐惧，来到舞台上侃侃而谈，表达自如。更有不少学员上完导师班后，能够自己独立开课，讲课时长从之前两分钟的窘迫到长达两个半小时的流畅自如。这对于来新励成之前的他们来说，是一件遥不可及的事情。我前后问过不下二十位卓越同学，他们到底发生了什么样的变化。技巧上的变化和能力的提升肯定是有的，但更多的是心态上的变化。之前，他们之所以非常害怕舞台，是因为他们有一颗私心，特别渴望通过一场演讲，让更多的人认可他们，确认他们的价值。但是，当他们上完卓越体系的课程后，他们的内在动机发生了变化。他们相信自己的分享可以帮助更多的人，他们的分享对大家一定是有价值的，就像导师班所说的那样，"开口必助人"。当他们有这种想法的时候，站在舞台上的他们，是坚定的，无所畏惧的。我想，这大概就是"无私才能无畏"在演讲上的极致表现吧。

无私，是一种纯粹而高尚的品质。正是因为无私，人们才能在面对艰难险阻时毫无畏惧。正如我们所崇拜的军人、警察、医护人员等，当面临外敌来犯、人民的财产和人身安全受到威胁、未知病毒的侵袭时，他们眼中所见不再仅仅是自己的得失，而是大多数人的需求和社会的进步。他们选择无畏地勇往直前，无畏不是无知的莽撞，而是在明知困难重重的情况下，依然坚定前行的勇气。**因为无私，所以心中没有恐惧的羁绊，能够勇往直前地去追求真理、捍卫正义、帮助那些需要帮助的人。**

接下来，让我们聊聊第二句话：有为才能有威。

在我上领导力口才课程时，有同学提出了这样的困惑："如果我对员工微笑，他们就不怕我了，我说的话就不好使了呀。"他看我一脸疑惑的表情，接着说："老板老板，不应该老板着个脸，让员工怕吗？"他话音刚落，同学们都笑了。在领导力口才课程中，我们讲过，让员工产生害怕情绪，这是领导力的最低层次，就是用职位和权力去打压和限制。**一个领导者的威望，不是来自身份，更不是来自身份所赋予的权力，而是来自他是否对员工和整个组织有所作为。**

我国四大名著之一《三国演义》中有几章节诠释了"有为才有威"的道理。当时，刘备三顾茅庐请诸葛亮出山。但关羽和张飞并不开心，一来他们觉得诸葛亮平日里只会摇扇子，不会打仗；二来诸葛亮的到来，让刘备把更多的心思放在了他身上，从而疏远了他们三兄弟的感情。所以，关羽和张飞对诸葛亮很是不屑，并认为一旦战事到来，方知他们两兄弟的重要性。

果然，曹操的部下夏侯惇率领大军来犯，刘备焦急地找到关张二人要求迎战。但二人却醋意满满地说让诸葛亮去出战。刘备最终说服二人准备迎战，但当他们来到大堂时，却又不干了。原来，整个部署都是诸葛亮在指挥，连刘备都要听诸葛亮的安排。甚至张飞说出"我们都在外面拼命杀敌，你却坐在军帐中就地喝茶，好自在啊"这样的话，言语中充满了对诸葛亮的不服。直到刘备说出"违令者斩",大家才极不情愿地按照诸葛亮的吩咐去执行。

战事结束后,关羽张飞对诸葛亮的态度来了个一百八十度的大反转,说:"先生真是料事如神,曹军所有动向和军师所说一模一样,分毫不差。"此一战,奠定了诸葛亮的威望地位。

无独有偶,原华北大区区域经理詹静,刚到北京没多久,赵总也出差去了北京。当时,他们在一个教室里聊天,这时一个咨询顾问进来说:"静姐,这个学员现在就要走,能不能和他聊一聊,帮助他一下。"结果,詹静去了几分钟,学员就报名了。赵总对詹静说:"你好厉害啊!"

詹静回答道:"如果我的咨询顾问找我求助,我都不能帮助学员走进课堂,那怎么能让咨询顾问突破自己的信念呢?如果员工让我去,我都做不到,以后团队怎么带啊!"在詹静的带领下,华北区域不断拓展,发展日益向好。

所以,当一个人真正做到有为时,便自然而然地拥有了威。这种威不是依靠权势和威严来压迫他人,而是通过自身的成就和品德赢得的敬重。人们会因为其有为而对其钦佩有加,会愿意听从和跟随。**有为者的威,是一种令人心悦诚服的影响力,是一种**

能够凝聚人心、推动进步的力量。它无须刻意营造，而是在不断奋斗和奉献中悄然形成。

无私才能无畏，有为才能有威。虽然只是简单的两句话，但要做到实属不易。然而，一旦做到了，人生将会更有意义。

在历史的长河中，无数的仁人志士用他们的无私无畏、有为有威书写了壮丽的篇章。在当今时代，我们同样需要秉持无私、有为的精神，积极地去追求梦想、寻找使命，为社会做出贡献。让我们都努力成为无私无畏、有为有威的人，让这个世界因为我们的存在而变得更加美好！

基层要有饥饿感，中层要有危机感，高层要有使命感

□ 赵 璧

　　基层要有饥饿感，这里所说的饥饿感指的是渴望度。那究竟是对什么有渴望度呢？对于基层员工而言，首先是对完成任务、完成考核，对收入和生存的渴望度，以及对个人成长的渴望度。作为基层员工，面临的首要问题是能否转正，能否在企业中留住，能否持续为企业创造价值，能否在所在城市生存下去。如果不能为企业创造足够价值，无法获得足够的收入，那靠什么生活？这是最基本、最原始的渴望。倘若连这份生存的渴望度都不足，企业怎能期望其为远景而拼搏？

　　其次，是对职业发展的渴望度。俗话说，不想当将军的士兵不是好士兵。在企业中能否获得领导认可，能否完成自身绩效，

在关键考核指标上能否得到主管肯定，这是能否在企业组织中持续发展的核心要求。所以，必须对自身的生存和发展抱有强烈渴望，有压力才有动力。

中层要有危机感，这种危机感有两层含义。传统层面的理解是担心自己工作能力不够被取代，失去现有职位、薪资，每天需谨小慎微，担心未达标而遭降职降薪，担心失去地位和资源。然而，对于新励成的中层干部，格局应更开阔，思考应更深入。若仅仅因为降职降薪而感到压力，那还远远不够。真正的压力源于若本职工作未做好，会辜负学员的信任。而且要坚信自己有能力做好，若连自己都做不好，别人可能更不行，所以这件事必须由自己来做，也只有自己才能做到最好。这是一种责任，一种担当，一种舍我其谁、当仁不让的精神。因害怕没做好，所以才有危机感，有压力，如履薄冰，如临深渊，必须全力以赴把事情做好。

高层要有使命感，能成为高层、公司合伙人，其能力和品德必然过关，正直、公正、善良且有责任感。但这还远远不够，必须与公司同心同德，认同、理解、践行并传播公司的使命和愿景，将公司的核心价值观作为行动准则，真正与公司同呼吸共命运。

唯有如此，公司才会将其朝高层干部、合伙人方向培养，甚至当作接班人培养。必须以公司使命为自身使命，方能将公司的文化理念传承下去，不仅自身践行，还能带动伙伴，助力一批又一批员工、同事成长。

从这三个层次来看，与马斯洛的需求层次理论十分契合。在卓越企业中，若达到中基层管理者水平，基本衣食无忧，物质需求在初期已得到满足。当然可以继续追求物质增长，同时也应渴望向金字塔顶端攀登，追求精神层面发展，实现自我价值和超越。

曾有资深企业家表示，从历史长河视角评价企业，最直接的方式是看其在物质创造和精神塑造方面的成就。伟大企业背后必然有伟大梦想，伟大梦想滋养伟大文化。

任何企业的创业和发展历程，都是精神文明和物质文明建设的共同历程。企业在不同阶段，精神文明和物质文明交替主导，共同支撑公司发展。对每位员工而言，职场不同阶段，精神需求和物质需求同时存在且相互转换，不同阶段侧重点和比重各异。

人的需求既有物质层面，也有精神层面。因此，企业对员工的激励，要做好物质与精神激励的双轨驱动建设。针对企业不同

发展阶段和员工不同发展阶段，制定有针对性的激励方案，将物
质激励和精神激励相结合。所以"基层要有饥饿感，中层要有危
机感，高层要有使命感"，说的也是人力资源的激励机制，要因
人和事做好物质激励和精神激励的双重激励，不同阶段激励方式
和侧重点要有差异。

物质激励是组织激励的基础要素，精神激励则是伟大组织
的引擎。干部精神激励建设的核心在于强化使命感、责任感和奉
献精神。物质激励对人类始终具有激励作用，在员工发展各阶段
都重要，但仅依赖物质激励会有缺陷。重赏之下必有勇夫，但也
易让勇夫产生拜金主义。当员工成为高收入人群时，若过度追求
物质激励，而内心精神需求未满足，是不健康的，也不利于长期
发展。

所以当员工发展到一定程度，需加强精神文明建设和精神激
励，尤其是强化各级火车头精神的激励。加快优秀员工提拔，发
挥精神动力的激励、倍增和持久作用。

许多企业深知人才和干部梯队的重要性，却未必明白精神文
明建设及精神激励对干部梯队建设的价值。要营造拥有梦想、积
极进取的组织氛围，打造热血坚定的干部队伍，无论环境如何变
化，组织中的每个核心个体都奋勇争先，人人成为高铁中自驱的

一节车厢。

企业竞争本质是人才竞争，而人才竞争的背后是培育人才的土壤竞争，这土壤便是企业文化，企业文化的竞争才是企业竞争的终局。

在新励成，企业文化共识能力是核心竞争力。新员工入职便开展持之以恒的企业文化培训，让其尽早认识理解公司文化。但企业文化不能当饭吃，对基层员工而言，生存是根本，养活自己是关键，所以要鼓励员工提升绩效、完成目标，如此员工才能在企业中生存下来。中层对企业文化有一定理解和认可，此时要进行压力测试，考察能否作战、带团队取胜、培养人才，激发责任担当和主人翁精神，树立危机意识和英雄气概。

前些年参观阿里公司，了解其企业文化时得知，阿里公司高层管理者绩效考核中 40% ～ 50% 基于企业文化。高层管理者品德和能力无须担忧，最关键的是对企业文化的持续践行，能否将企业使命视为个人使命，为实现企业愿景全力以赴，坚信愿景必能实现。

记得陈春花老师曾对高层、中层和基层管理者有差异化的理解。她认为基层管理者对企业成本、质量和短期效益做贡献，中层管理者对企业稳定和长期效率做贡献，高层管理者对企业战略和长期发展做贡献。

每个层级管理者职责不同，只有分工明确，高质量完成分内工作，组织才能高效运作，发展才能稳健持续。基层管理者对日常操作性工作目标负责，公司盈利能力、成本控制和质量保证取决于基层管理者能力水平；中层管理者对功能性目标负责，公司效率和人才队伍胜任与否取决于中层管理者水平；高层管理者对公司战略性、策略性目标负责，公司未来取决于高层管理者。

对干部的要求并非越高越好，责任不同要求各异，切忌拔苗助长。当然，用人要趁早，给有活力、才华和抱负的年轻员工更多锻炼提拔机会，使其早日崭露头角。**企业最终要交棒给年青一代，企业领导班子有两大责任，一是实现战略目标，二是培育年青一代接班**。企业的最大危机是干部激情衰竭，最大威胁是干部责任感缺失，最大挑战是干部不学习、不胜任，企业的最大财富是干部队伍，干部队伍是持续发展的保障。组织路线确定后，干部是决定因素，干部管理最终要回归使命、责任和能力建设，在干部培养上花多少心血都值得。

板凳要坐十年冷，一生专注一件事

□　贾晓雯

　　在 21 世纪这个充满变数的时代，世界纷繁复杂，我们常常被形形色色的诱惑所环绕，渴望着即时的满足和快速的成功。然而，在这浮躁喧嚣的社会氛围中，有一个声音始终在提醒着我们：真正的成就，往往源于对某一领域的深度钻研和持久专注。这便是"板凳要坐十年冷，一生专注一件事"。

　　最初听闻这句话，是多年前看到的一则新闻，报道的是故宫里的修复工作者王津。他是故宫博物院文保科技部的一位古钟表修复师，因参与纪录片《我在故宫修文物》而被众人知晓。但在他声名远扬之前，他已在钟表修复领域默默耕耘了数十年。在漫长的数十年中，他经历过孤独寂寞，有过彷徨犹豫，也陷入过痛苦迷惘。然而，最终他战胜了所有的困难，凭借精湛的技艺和对工作的无限热爱，日复一日地坚守。在别人眼中枯燥乏味的工作，于他而言，却展现了对古老钟表修复的极致追求和匠心独运。犹记得当时看到这则新闻时的自己，对这位师傅由衷地产生了敬佩之情。或许就在那个时候，这句话已在我的心中悄然种下了种子。所以，当多年后在新励成的企业文化中再次看到这句话时，仿佛与当年那个时空下的自己产生了共鸣。

板凳之冷，磨砺心志。这份坚持不仅是时间的简单堆砌，更是心智的砥砺磨炼。在无数次的失败与尝试中，我们要学会耐心，学会坚守，学会在孤独中寻觅力量。最终，这份坚持会化作内心那团永不熄灭的火焰，照亮我们前行的道路。

张颂文，这个名字对于许多人来说或许并不陌生。他凭借在《隐秘的角落》《狂飙》等作品中的精彩演绎，赢得了很多观众的认可与喜爱。然而，鲜为人知的是，在成为"国民演员"之前，张颂文曾经历了长达十年的默默无闻。2001 年，张颂文从北电表演系毕业，满怀着憧憬踏入了演艺圈。但现实却给了他沉重的一击。在接下来的十年里，他几乎处于无戏可拍的艰难境地，只能依靠打零工来维持生计。在此期间，他曾当过导游，也做过一些小生意，但无论生活多么艰辛，他从未放弃对表演的热爱。正是这十年的沉淀，让张颂文拥有了更多的时间去观察生活，去揣摩人物，去积累情感。他把每一个小角色都当作一次磨砺的机会，用心去诠释，哪怕在镜头前只有短短几秒的戏份，他也竭尽全力做到最好。这种对艺术的敬畏之心，使他在每一个角色中都能融入自己的影子，也让他的表演更加真实、动人。终于，机会总是垂青那些有准备的人。随着《隐秘的角落》《狂飙》等作品的热播，他成功地成为备受瞩目的实力派演员。

初入新励成的时候，我遭遇了不小的挑战。虽然我是科班出身，在演讲主持方面较为擅长，但在讲课授课方面却显得不够熟练。来到总部接受师训部的讲师长达几个月的封闭训练，我感到孤独和不适应。每天对着一份讲义反复研读，每天在三尺讲台上或者一面墙壁前重复练习，面前没有真实的观众，只有自己的想象；没有热烈的掌声，只有自己的坚持；没有美丽的鲜花，只有自己给自己加油打气。可也正是这份孤独感，促使我向内探索，挖掘自身的潜能，让我在无人关注的时光里，默默地成长。我相信，不仅仅是我，很多人都曾有过这样一段不为人知的岁月，坐着冷板凳，但只要熬过去，必定会惊艳时光。

十年一剑，久练成技。就像一位剑客，日复一日、年复一年地站在晨光初照或夕阳西下的练武场上，挥剑如雨，汗水与剑光相互交织，最终练就了一身绝世武功。任何一项技艺，不论是绘画、音乐、写作，还是科学研究，都需要时间的积累和不懈努力。十年，对于一个人来说，是一段相当漫长的时光，足以让一个青涩稚嫩的少年成长为成熟睿智的智者，足以让一颗小小的种子长成参天大树。

当我正式走上讲台后，我迎来了曾经渴望的热闹场景和鲜花掌声。然而，当外界的喧嚣逐渐褪去，内心的声音开始变得清晰。在这段相对平静的时光里，我开始思考那些平日里无暇思索的问题：这条路我要走多远？如果要一直走下去，我该怎么走？这些问题的答案究竟在何处？

大概从某一天开始，我似乎找到了答案。2023 年 9 月，公司组织了一场讲师技能大赛，旨在将我们这些讲师聚集在一起相互切磋、学习。比赛之前，只觉得新奇有趣，满心期待能一睹各位大咖讲师的风采。直到现场四位讲师的登场，我被深深地震撼了。他们在讲台上讲述着我熟悉的知识，可那些知识从他们口中道出，却呈现出了截然不同的效果。云霞讲师扎根于家庭关系领域，宋国讲师专注于演讲表达方面，高辉讲师深耕儒释道的研究，玉超讲师则致力于个人定位的探索。那些原本相同的内容，在他们专业的演绎下，变得口若悬河、直击人心。

那一刻，我仿佛看到了自己十年后能够成为的样子。恍惚之间，我开始思考自己与这些行业前辈之间的差距究竟在哪里，他们的"魂"似乎与我不同。除去天赋的因素，那个核心的差异里有一个无法跨越的鸿沟，那就是时间。十年的坚守、十年的磨砺，让一个人在经历沉淀后越发历久弥新、熠熠生辉。也就是从那一天起，我找到了方向，于是再次踏上了一段寂寞的旅程，深入学习专业知识，提升技能，或是阅读行业前沿的资讯，拓宽视野。就如同种子在地下默默地积蓄力量，等待春暖花开时，必然会破土而出，绽放光彩。

专注之力，滴水穿石。水滴之所以能够穿透石头，并非因为其自身力量的强大，而是由于它始终保持着一种持续且专注的状态，将所有的能量集中于一点，最终达成了看似不可能的目标。

如今的自己作为公司的一员，深感荣幸能够在职业发展的道路上投身于软实力教育领域。新励成自 2005 年创立至今，一直专注于口才培训领域，十几年来坚定不移地沿着这条道路前行。我们从无人问津逐渐走向巅峰，我们的使命和愿景是成就个人、幸福家庭、和谐社会；我们立志成为百年企业，开中国历史上口才机构上市的先河，书写繁荣品类的历史。我们一生只专注于这一件事。在这个变幻莫测的世界中，能够找到自己热爱并且愿意为之倾注一生的事业，是何等的幸运。

"板凳要坐十年冷，一生专注一件事"。它教导我们，真正的成功并非瞬间的辉煌，而是岁月长河中的沉淀；不是在多个领域的浅尝辄止，而是在一个领域的深耕细作。让我们凭借这份坚持与专注，去拥抱那些看似平凡却又不平凡的事业，用一生的时间，书写属于自己的辉煌篇章。

在现实生活中，我们常常看到许多人频繁地更换职业方向或兴趣爱好，试图在短时间内找到那个能够带来巨大成功和满足感的事业。然而，这样的做法往往导致他们在每个领域都只能触及表面，无法深入挖掘其中的精髓。相比之下，那些能够静下心来，专注于一件事情的人，经过长时间的积累和沉淀，往往能够在自己所选择的道路上取得卓越的成就。

比如，一位科学家可能花费数十年的时间研究一个特定的科学问题，经历无数次的实验失败，但始终不放弃，最终为科学界带来重大突破。又如，一位工匠可能一辈子都在钻研一门手艺，不断地精进技艺，最终成为该领域的大师。

再看看那些历史上的伟大人物，他们中的许多人都是因为对某一事业的专注和坚持而名垂青史。爱迪生经过上千次的试验，才成功发明了电灯，为人类带来了光明。居里夫人花费多年时间研究放射性物质，最终发现了镭元素，为科学界作出了巨大贡献。

在当今竞争激烈的社会中，专注和坚持显得尤为重要。**信息的爆炸和选择的多样化容易让人分心，只有那些能够抵御诱惑、专注于自己目标的人，才能在众多的竞争者中脱颖而出。**

对于我们每个人来说，无论是工作还是生活中，都应该学会"板凳要坐十年冷，一生专注一件事"的精神。选择一个自己真正热爱并且愿意为之努力的方向，然后坚定不移地走下去。在这个过程中，我们可能会遇到各种困难和挫折，但只要保持专注和坚持，就一定能够克服困难，实现自己的价值，创造出属于自己的精彩人生。

受得了委屈，经得起诱惑，扛得住打击，放得下成功

□ 梁梦宇

　　格局和胸怀往往是在委屈中逐渐撑大的。在成长历程中，每个人难免会遭遇委屈的时刻，那种不被理解、不被关注，甚至是被误解和遭遇不公平的经历，实际上都是促使我们走向成熟的基石。记得特别喜欢刘擎教授在"十三邀"节目里所说的一句话："一个人的成年是需要阅历的，早慧（过早智慧）代替不了阅历，知道很多道理却依然过不好这一生的人，是因为这些道理并不是他自己的道理。想变成自己的道理，一定要经过阅历。"我想，这份阅历当中包含着委屈，而且不只是委屈。一个人在逆境中更能彰显出其人品和道德水准。

　　我曾听闻这样一个故事，公司计划举办首次年度答谢客户

的盛大宴席，这场宴席预计接待至少 300 人以上，并且要办得尽善尽美。然而，这是公司首次开展此类活动，在不聘请外部活动公司的情况下，要如何确保活动圆满成功呢？此时，公司的两位得力干将挺身而出。其中一位负责活动的总体指挥，另一位负责活动的全部落地执行。随后，大家紧锣密鼓地展开分工行动。据说，在活动开始前的一个月，公司里上上下下每晚都要加班，执行负责人更是连续多日通宵达旦地工作，相比之下，总指挥那位则显得相对轻松一些，布置完工作后便先行离开。

终于，客户答谢宴在预定时间正式拉开帷幕，客户们在结束后纷纷对此次活动表示极度满意。公司发放了一大笔奖金给总指挥负责人，由他来分配奖金归属。可没想到，他竟将这笔钱全部据为己有。后来，执行负责人得知此事，当时内心的愤怒和委屈几乎要喷薄而出，他当即就要去找总指挥理论。但理智最终阻止了他，经过一夜的思想斗争，执行负责人调整好了心态，以笑脸迎接下一份重要的工作任务。若问他是怎么想的？我猜，在那一夜，他独自咽下了诸多的委屈，那些无人知晓的日夜辛劳。后来，他在这家企业一直脚踏实地，最终坐上了一把手的位置。正如莫言所说："终有一天你会和自己和解，咽下所有委屈，磨平一身棱角，当你独自扛过所有的艰难困苦，熬过所有的孤独，吞下所有的辛酸，等待你的就是曙光和好运。"

　　经得起诱惑，这里所说的诱惑，主要是指创业的诱惑。在许多行业中，都会出现这种现象，当员工的能力和职位不断提升时，内心那颗创业的野心也会被激发出来。因此，这类人才离开公司自立门户的情况屡见不鲜，然而，结果大多是以失败告终。我非常钦佩赵董的格局，新励成的众多竞品，很多都是由曾经的新励成人所创立的。众所周知，2020 —2023 年，众多教培行业倒闭关门，那些自立门户的新励成人也大多未能逃脱关门的命运。每当这样的伙伴再度回归新励成，赵董总是热情欢迎，爱才惜才，着实令人敬佩。赵董会亲切地称呼他们为"自己家的孩子"，回来时会说"欢迎回家"，让人倍感温暖。外面世界的诱惑的确很大，但那份责任更是不可轻视。在学习型春节期间见到闽北的投资人辉校，他说现在最想做的事就是回到一家学训中心做个顾问，每天只需操心自己手头的学员，服务好他们就行，不像现在，作为投资人，每天一睁眼想的就是当天的房租成本、人员成本支出，业绩好时会担忧不好的时候，实在不自在。创业的诱惑固然巨大，但带来的潜在风险和未知的挑战却是我们难以预见的，所以更要经得起这份诱惑。在沈阳出差时，我遇到一家外企公司东北片区的销售总监，他与我分享道："梦宇讲师，即便我能力再强，我都不会考虑出去创业。我给自己的定位就是一家公司的高级职业经理人，我所有正在学习的能力都是围绕这个职业定位的。我非常清楚，如果要经营一家自己的公司，需要投入多少人力、物力和财力。小公司的收益可能还比不上我如今的年薪，大公司又难以成功创办，所以我不强求，做好自己的定位就足够了。"当时的他刚刚考上清华大学 EMBA 总裁班，别人需要花费几十万元才能进入的总裁班，他凭借个人的学习能力考了进去。不得不说，他真的活得清醒明白，所以人最可贵的便是拥有清晰的自我认知能力。

关于扛得住打击，下面来讲讲我自己的成长故事。大学期间，我所学的专业是播音主持。大一下半年起，我就开始承接当地众多的主持活动，每次都能收获不少鲜花和掌声，收入也颇为可观，甚至有几次还与明星同台主持，台下观众多达上万人。尚未毕业，我就直接进入电视台，担任新闻播音员和出镜主持，一路走来可谓顺风顺水。但内心深处，总隐隐觉得这份顺利的背后或许隐藏着更大的挑战。记得当时还发了个朋友圈："最害怕高开低走这个词，适用于所有关系和事业。"

在电视台工作的几年里，每天按部就班地上班、下班，越是这样，我就越害怕自己成为温水中的青蛙。终于，在家人的反对和领导的挽留声中，我下定决心辞职。带着所有行李和两只猫向东出发来到了广州。经过多家公司面试后，选择了最"有眼缘"的新励成。三个月的培训结束后，我终于站在了梦寐以求的讲台上。然而，从这时起，问题接踵而至。讲课与主持截然不同，主持人穿着高跟鞋站在舞台上十几分钟就能下台休息片刻，可讲师穿上高跟鞋一站就是一整天。出差的第二个月,每天出门前我的脚上就得贴上 8 个创可贴。更让人崩溃的是出差频率极高,有时一睁眼会恍惚,不清楚自己身处哪座城市。也常常在前一晚 12 点多下班回到酒店,第二天清晨六七点就要出发前往机场赶往下一座城市。

放得下成功,深圳福田学训中心负责人的办公室里挂着一幅字,写的正是"归零"这两个字。曾经达成千万业绩的学训中心,在实现目标后,负责人第二天就带领团队制定更高的目标,再次全力以赴,丝毫没有懈怠。我也曾好奇王敏讲师是如何做到每天都动力满满的,后来慢慢了解到,这样的事情王敏讲师已经坚持做了近十年,她也常说倒也要倒在离目标最近的地方。只有全力以赴地为结果努力过,才能为更多的学员服务,唤醒更多人的认知,才对得起学员称呼的那声"老师"。难道不会累吗?当我们亲眼看到学员真实地在我们面前发生改变,那份成就感最终会战胜疲惫感。正是因为有越来越多像这样的新励成人才,曾经小小的管理顾问有限公司才能发展至今已有 19 年,服务过全国 26 万名学员。但这还远远不够,新励成的目标是成为百年企业,而百年企业更需要持续稳定的经营,不能因为一时的业绩高涨就躺在功劳簿上止步不前。**短期目标的完成仅仅证明我们能够做到如此出色,也能够做得更好,如同我们常常对学员所讲的"空杯"心态,怀着这份空杯心态才能吸收更多的知识,拥有这份"归零"**

的心态才能勇攀下一座高峰，要知道没有一座高峰会高于你心中的那一座。

　　这四句话其实都在强调一个字——"稳"。行稳致远，稳中求进。"稳"代表了一种从容豁达的心态，正如孔子所说："君子居之，何陋之有。"不要因为环境的艰难就预设问题，心态往往是决定一切的关键因素。夯实"稳"的基础，同时激发"进"的动能，受得了委屈，经得起诱惑，扛得住打击，放得下成功，只有如此，才能成就更为卓越的自己。

不指责、不抱怨、不说小话，
有建议正面提出

□　吴美玲

戴尔·卡耐基先生在《人性的弱点》中写道："人际交往中，最重要的原则就是，不要抱怨，不要批评，不要指责。"

在我们的日常生活中，各种纷繁复杂的问题和困难如同不期而至的访客，屡屡叩响我们生活的大门。有时候，当我们身处这些棘手的情境之中，内心便会不由自主地涌起不满和不适的情绪，而这种情绪往往容易催生出抱怨和指责的冲动。然而，我们必须清醒地认识到，抱怨和指责就如同"双刃剑"，不仅无法有效地解决问题，反而可能在无形之中加剧矛盾的激化。

更为严重的是，这种不良的情绪表达还会对我们与他人之间的关系造成极大的破坏。它会在他人的心中勾勒出一个极不美好的形象，让人觉得你是一个只会无休止地抱怨他人、热衷于指责和抱怨、习惯在背后说小话的人。这样的印象一旦形成，他人必然会对你敬而远之，唯恐避之不及。

首先，我们需要明确的是，指责和抱怨往往只会让原本就棘手的问题变得更加错综复杂。当我们毫不留情地对他人进行指责时，对方的内心往往会受到伤害，从而产生不快和抵触的情绪。在这种情况下，他们很难静下心来认真思考如何有效地解决问题，反而可能会因为情绪的冲动而与我们互不相让，针锋相对，最终导致问题陷入僵局，无法得到妥善解决。

同样，抱怨这种消极的情绪也只会让我们深陷无尽的消极旋涡之中，使我们丧失冷静思考问题本质的能力。这种消极的心态就如同阴霾，遮蔽了我们理性的光芒，只会让事情朝着更加糟糕的方向发展。如果我们真心希望解决问题，就必须果断地摒弃指责和抱怨的不良习惯，积极主动地寻求积极有效的解决方法。

其次，我们必须认识到，纠正问题并不能依靠在背后说小话来实现。说小话这种行为往往只会对人际关系造成无法弥补的损害，却对解决问题起不到任何实质性的帮助。

与之相反，当我们能够以建设性的方式勇敢地提出自己的意见和建议时，不仅能让他人更容易接受我们的观点，还能为他们提供改正错误的方向和动力，从而最终成功地解决问题。与此同时，我们也能够在这个过程中享受到更多真挚而深厚的友谊，收获真正的幸福。

在职场这个充满挑战与机遇的舞台上，你是否曾经有过这样的经历，或者当下正在经历着这样的困扰？你深感自己的工作能力出类拔萃，却始终未能得到足够的认可和应有的重视。每当你不辞辛劳地完成了一项意义重大且极具挑战性的任务，满心期待着能够得到上级的肯定和赞扬，然而现实却总是事与愿违。你不仅被上级无情地忽视，甚至辛苦付出得来的成果还被其他同事轻而易举地抢走了。在这种情况下，你的内心必然会被不满和委屈所充斥，甚至可能会滋生出一些和抱怨甚至愤怒的情绪。

随着时间的推移，这种负面的能量就像一点一滴汇聚的水滴，逐渐在你的内心积累成一片黑暗的海洋。你渐渐习惯了用指责、抱怨和私下讲小话的方式来宣泄，最终这种不良的行为模式深深地烙印在你的思维之中。相信，只要你认真地反思和审视自己的内心，就能够清晰地感受到，这些消极的情绪就如同沉重的枷锁，非但没有帮助你摆脱困境，解决问题，反而给你的工作状态和情绪带来了极大的负面影响，让你终日沉浸在闷闷不乐的阴霾之中，最终受到伤害的恰恰是你自己。

因此，我们必须果断地改变自己的态度和行为方式。不再让指责和抱怨从我们的口中轻易地流出，也不再沉迷于在背后说小话这种无益的举动。我们应当以一种建设性的、积极向上的态度勇敢地面对这些问题，正面地提出自己的宝贵建议。

主动与上级进行开诚布公的沟通，坦诚地向他们展示自己的工作成果，毫无保留地倾诉自己在工作中所遇到的问题和挑战。这样的积极行动不仅能够为解决问题创造宝贵的机会，还能够充分证明你的能力和价值，让你更有可能得到上级和同事的认可和赞许。

古人云："爱出者爱返。"当我们能够以积极的态度和切实的行动正面地提出自己的想法和建议，主动与他人进行沟通，共同探寻解决问题的有效办法时，我们才能够真正地化解问题，达成工作的目标。相信，当我们以正面的态度勇敢地迎接工作中的各种挑战，以更加成熟和理性的方式来处理问题时，我们必然会赢得更多的尊重和信任，也会被赋予更多的责任和使命。

在新励成这个温馨且充满活力的大家庭中，作为从事口才培训工作的新励成人，我们更应当以身作则，为他人树立正确的榜样。我们需要具备准确且恰当给别人提意见的能力，同时要积极主动地与他人进行有效沟通。

假如你对公司的发展有一些独特的想法，或者在工作中受到了一点点委屈，切不可冲动地拿这些去影响其他的员工。因为这样的行为一旦频繁发生，必然会在员工之间产生不良的影响，破坏团队的和谐氛围。

我们应当坚决杜绝在私下里抱怨和讲小话的不良行为。如果你对公司存在任何意见或建议，完全可以勇敢地、正面地提出。要知道，一个积极向上、和谐融洽的组织氛围需要我们每一个人的共同努力和精心营造。

新励成始终坚定不移地遵循着"三向三不"的原则。"三向"具体指的是向上、向正、向善。所有的导向都紧紧围绕着正能量这一核心。向上，意味着我们要有宏伟远大的使命和高瞻远瞩的格局；向正，要求我们的价值观必须正直端正，符合社会的道德规范和职业操守；向善，则着重强调我们的人格和人性要充满善良和仁爱。我们的管理者更应当具备广阔的胸怀和宏大的格局，为人正直坦荡，拥有高远的志向和不懈的追求。这便是我们始终坚守的追求和导向。而"三不"则明确为不指责、不抱怨、不说小话。

综上所述，在面对生活和工作中各种各样的问题时，最为明智和智慧的做法便是以真诚、建设性的方式正面提出自己的想法和建议。**通过积极且富有成效的沟通和交流，我们能够更加有效地解决问题，化解潜在的矛盾，建立起良好的人际关系，最终实现目标，达成共赢的美好局面，成为一个充满正能量、散发着积极光芒的人**。相信，只要我们始终保持这样的态度和行动，好运气和宝贵的机会必然会如影随形，不断靠近我们，为我们的人生增添更多的精彩和辉煌。

一切为了前线，让听得见炮火的人做决策

□ 赵 璧

记得 2007 年，也是我离开华为的那一年，任总（华为创始人：任正非）首次提出了"让一线呼唤炮火的说法"，其大意是，为更好地服务客户，应将指挥所建在听得到炮声的地方，把销售决策的权利授予一线，让听得见炮火的人来做决策。打不打仗，客户决定；怎么打仗，一线说了算。

后来任总在一次非常正式的大会上发表了一篇以《让听得见炮火的人来做决策》为主题的讲话，这对整个华为而言极具震撼力。因为那时华为正处于组织变革的大背景下，随着企业规模日益庞大，组织逐渐变得官僚化。官僚主义是个可怕的东西，一旦出现，流程变长，决策复杂，效率降低。可能一个决策，层层上报，等定下来时，时机已过，项目可能失败，后果极为严重。

"让听得见炮火的人做决策"这句话如今被许多人提及，大家似乎也明白其含义，大概就是要敢于授权，让一线人员做决定，以提高工作效率。但仅仅如此吗？让我们仔细琢磨一下。

先对文字进行拆解，首先来看，"听得见炮火"，什么是炮火？这里的炮火指的是什么？如今是和平年代，大家都在大力发展经济、搞生产，哪来的炮火？在这里，我们理解炮火指的是客户需求。每个企业能生存，都依赖于客户，是客户在支撑着企业。所以客户的需求对于企业发展至关重要。因此，炮火就是客户的需求，是商业机会，我们要有敏锐的洞察力，关注客户需求，把握商业机会，帮助客户满足需求，从而使自己发展壮大。

"让听得见炮火的人做决策"，这要从两个维度理解。第一，要让经常与客户接触的人做决策，因为他们了解客户；第二，要求高层决策人员多深入一线，贴近客户，倾听需求，而非在总部办公室里凭想象做决策。

所以，无论是一线员工还是总部高管，能听见炮火才是关键。那怎样才算"听得见炮火"呢？就是洞察客户需求。洞察客户需求又包含两层意思，首先，能听到客户的需求，要在客户身边，每天与客户交流，能感受到客户的需求，客户也会告知需求。但问题是，听到客户需求的人，一定能听懂吗？第二层意思就是不仅要在客户身边，还要能理解客户，明白客户的需求。只有听懂客户需求，才能准确地将其传递给后方，让后端的研发人员、支撑人员和机关人员明白，进而组织解决方案，满足客户需求。我在华为工作的第一个岗位叫"客户代表"，就是代表客户，将客户的声音传递回公司，让公司了解客户需求，然后去满足需求。只有产品满足客户需求，客户才会购买；只有为客户解决问题、创造价值，客户才会与企业建立长期合作关系。

然而，洞察客户需求的人就一定能做决策吗？能做出正确的决策吗？这需要两个条件。第一，必须了解公司业务，有一定的工作经验。我于 2001 年 9 月入职华为，在深圳培训不到 5 个月，因业务需要第一批下市场被派到福建三明。到达三明的第二天，导师带我去见客户，见到的第一个客户就把我们骂了一顿，说服务这不好那不好，要求公司研发派人到现场解决问题。这算听到客户需求了吧？不仅听到了，还被骂惨了。但当时我有做决策的能力吗？完全没有。一是无法对客户需求有全面的认知和判断，二是对公司业务不了解，所以无法做决策。被客户骂完回办事处，老员工给我讲了很多，其实我也是一知半解。如果那时让我做决策，肯定是错的，不仅解决不了问题，还可能添乱。

我们说让"听得见炮火的人做决策"，是认为其有决策能力。那什么样的人有决策能力呢？什么样的人在决策前无须层层审批就能做出让公司满意的决策呢？不仅要懂业务，还要对公司文化有深刻理解，达成文化共识。只有达成文化共识了，大家价值观一致，考虑问题的方式相同，原则、底线、红线一致，认知判断相同，一线做的决策才可能与高层一致，这样的决策才是高质量的，这样的高效才有价值。

"听得见炮火的人"做了决策，这只是第一步，还需要有机制保障决策能高效执行。换句话说，要让一线有"呼唤炮火"的流程和机制。这里的"炮火"与之前的含义有所不同，指的是调动各项资源，包括人力、设备、物流甚至成本等。有了正确决策，再加上高效实施，才能赢得战斗。这也是当下流行的"打造敏捷组织"，针对市场变化迅速整合资源、快速反应，其最大特点是灵活、开放、适配，所有调整都是为了一线，为了客户。

为一线服务，就是为客户服务，满足客户需求，为客户创造价值，才是真正的"以客户为中心"。让懂客户的人做决策，让与公司共同奋斗的人做决策，把有共同使命价值观的人视为公司的主人，才是真正的"以奋斗者为本"。所以，"让听得见炮火的人做决策"这句话，虽简短，却实实在在地体现了华为的文化精髓，是企业走向成功的根本保障。

这句话在新励成同样适用，理解其本质就能指导我们的工作，一切为了一线，一切为了学员，一切为了胜利，学员成长了，才是我们最大的成功！

自我驱动、自我学习、自我管理、自我批评的员工将被重用

□ 杨 超

升维学习，降维打击，这句话在我的学习与工作中始终为我指明了清晰的方向，宛如在天地间长久被乌云遮蔽的环境里，上帝用左右手的手背对背奋力拨开，在云与云的缝隙间投射出一束光芒，让我于迷茫中坚定了前行的方向和步伐！

让我们先来进行几个深入的思考，并且这次的思考不妨上升一个维度。每一个员工都应当得到领导的认可和重用吗？我值得被领导重用吗？如果我值得，那原因何在？如果我不值得，那又是为什么？我坚信这样一句话：厉害的人必定有其出众之处！这句话反过来说，平庸之人也必然有其平庸的特质！有的人觉得自己凭借天赋而活，而有的人则认为别人是天生好运！然而，请

不要忘记，古人云天道酬勤，曾国藩也曾说：人生之败，非傲即惰！二者必居其一，勤则百弊皆除！在此，我个人有一个观点，不一定完全正确，分享给大家，期望能给大家带来些许帮助：人，不应因有天赋就变得傲慢，而应珍惜；不要因为没有天赋就选择放弃，而要勤奋！劳心者治人，劳力者治于人！没有天赋就先让劳力大于劳心，而后致力于劳心！

用事实说话，力量最为强大！接下来让我们通过具体的事实和案例来探寻答案！记得在 2019 年 4 月，我从如今"村超""村BA"文化的发源地——贵州黔东南乘坐高铁来到了贵阳。一下车到达贵阳北站，瞬间感觉到一股清凉的微风迎面拂来，那微凉的空气仿佛真空的袋子一般，将我全身包裹，在那一瞬间，我停下了脚步，深深感受到了这避暑之都"爽爽的贵阳"，此地竟是如此沁人心脾！随后，我搭乘了一辆大概是蓝色的出租车，来到了新励成贵阳观山湖学训中心（新励成全国的第 58 家学训中心，目前已达 113 家）。贵阳观山湖学训中心位于贵阳市观山湖区长岭北路大唐东原财富广场。起初，我并不是特别清楚新励成的具体业务，面试的时候，只是因为我们的投资人潘睿姐姐给我留下了极其深刻的印象。她身材高挑、气质出众、肤白貌美，五官精致，一身白色的着装显得格外干练，最为关键的是，她一开口、一表达，就给人感觉特别专业，思维逻辑清晰无比，自信且充满气场。就在那一瞬间，我便渴望自己也能成为像她那样的人！但我发现，自己虽然接触过教育行业，然而对于新励成的模式仍然不够了解。于是，在2019年5月5日，我独自一人踏上了南下广州的高铁，前往新励成总部。随着广播响起，列车即将到达广州南站，请下车的旅客提前做好准备！高铁轻微地"呲"了一声，紧接着，"嘟—嘟—嘟—嘟"，车门缓缓打开，一阵热浪袭来，顿时感觉全身滚烫，仿佛快要窒息一般！此时，我停下了几秒钟的脚步，因为感觉很不适应。随后，脑子里立刻闪现出一句话：今天你能承受多大的卑贱，明天你才配享受多大的荣耀！这句话瞬间让我觉悟，既然要成长、要改变，就必须付出代价！于是，我前往总部参加培训。总部的讲师非常热情地接待了我们，他们真诚的笑容洋溢在脸上，让我感到无比舒心，丝毫没有违和感。也正是在这里，让我觉得这家企业充满了温暖，想必是很有温度的！当时有好几位伙伴一起参加培训，其中有一位便是现在保定学训中心的校长刘培，我们可以说是同期的战友！广州之行的培训原本安排了20多天，不过我们这几个人可不是省油的灯。当时负责培训我们的讲师说学习《当众讲话》《人际沟通》课程的都是各行各业的精英人士。那一刻，我脑海中蹦出六个字：吹吧，我可不信！然而，到了第三天，我感觉自己被别人远远地超越了，这里面的人都是高手，个个都比我厉害得多，内心不由得产生了几分自卑感！我觉得自己就像一只井底之蛙！这时候，这几分自卑感甚至让我产生了放弃的念头！还好，就在此时，耳边又响起了那句话：今天你能承受多大的卑贱，明天你才配享受多大的荣耀！它，救了我！关键时刻，信念真的能救命，你相信吗？如果没有它，没有这句话，我或许不会有如今的诸多认知，也不会有今天的成就！我想，这也得益于这些年来我一直通过读书、培训进行自我学习！这次培训仅仅十几天就结束了，我于 2019 年 5 月 20 日返回。返回的第一天，我们的学训中心就在举办演讲俱乐部！当场，我就惊呆了，教室里坐满了人。我一看，新励成的讲师都如此年轻，但确实都很有实力！从这时候开始，我着手做咨询工作。原本以为自己肯定没问题，没想到，连续做了 5 个咨询，却没有一个学员报名。一开始，我内心还不服气，认为是学员的问题，而不是我的。但毕竟结果会说话，于是我立刻第一时间将问题聚焦在自己身上，进行自我革命、自我批评。我开始正视自己，可能是我的咨询流程不够熟悉，聊天方式太生硬，不会提供情绪价值，容易给学员下定义，又不够专业、不够自信！慢慢地，我发现确实是自己存在诸多问题。于是，我们的谭著给了我方向，让我向全国的销冠学习，并帮我打招呼建立联系，我才得以加到了全国销冠的微信。而且，他们非常耐心地向我传授经验。后来我才明白，原来是新励成自成长、互赋能的企业文化深入人心，而且谭著他们为我做了很多铺垫工作。所以，别人愿意帮助你，可能并非因为你自身如何，而是你的上级强大且懂得为人处世，别人才愿意伸出援手！当时，我每天都会被叫去办公室，询问我没做好的问题出在哪里、原因是什么。那种感觉非常煎熬，心态几乎要崩溃！但现在回想起来，绝大多数让你感到不舒服、想要崩溃的事情，都是你需要突破的舒适区！
投资人说："20 万，两个月，能做到，留下来，做不到，淘汰！"
压力巨大。那个时候，我告诉自己必须自我驱动，因为我未来是
要当负责人的！于是，我成了姜智恒讲师眼中来得最早、走得最
晚的顾问！每天早上六点，我就前往附近的观山湖公园跑步，之
后用微信请教销冠咨询步骤，如何破冰，如何询问需求，怎样引
导上台，如何点评，怎样给学员提供专业的方案等等！就这样，
一步一个脚印，我留了下来，成功转正。当时对我而言，也算是
在工作中存活了下来！不过我想，如果要走向更远方，让更多人
看到自己，最终帮助更多人，我需要不断自我突破。就这样，我
一年购买书籍超过 100 本，不断参加新励成以及外部的课程培
训。每天接到资源后（不超过 5 分钟），可能是早上七八点，我
立马跑到阳台联系客户（当时我租的房子只有一个房间，狭小、
逼仄、拥挤）。后来比较幸运，在 2020 年 6 月，我的业绩达到了
31.8 万，成为盟校的单月销售冠军！再加上我给自己设定了一个
目标，要讲课，成为企业文化导师，不断提高对自己的要求。没
想到经过 3 年的扎根积累，3 个月的精心准备，突然有一天下午，
我走在前往学训中心旁边长岭北路的斑马线上时，群里发了一个
消息，并且不断有人在接龙，恭喜薛万琪讲师、杨超讲师成为新
励成企业文化导师。那一瞬间，我知道自己成功了，内心对自
己说了一个大大的"Yes"，并且用力地挥拳庆祝！**不断地自我驱
动、自我学习，才能让我们获取更多的成长和能力，而这些成长**

和能力正是推动我们不断走向卓越的关键因素！

谈到自我管理，其实在工作中，我认为更多的是对自己情绪和时间的管理！大多数成功的人都比较善于管理自己的负面情绪！有一句话叫"时间在哪里，结果就在哪里！"意思是说，你把精力聚焦在哪个领域，哪里就会开花结果！就如同农民管理自己的土地一样，把时间投入到播种、耕耘，最终就能在秋天收获粮食！2019年5月4日，我第一次结识了我们的投资人谭著，到目前为止，我们相处了将近5年的时间。他简直是将情商演绎到了极致的一个人，也是对我影响最大的人之一。上次学习时我还写道，这一生对我影响最大的五个人中，就有著哥。在管理学训中心的过程中，会遇到各种各样的问题，比如极其难缠的学员、业绩不佳。记得在2023年的某一个月，业绩跌到了历史最低点，我自己也非常着急，但是著哥并没有因此责怪、发脾气，而是面容平和地与我们沟通。这反倒让我内心感到不安，我觉得下个月必须努力把业绩提升起来！正是他强大的情绪管理能力，让我们获得了安全感，愿意在这里持续奋斗！所以，**对于管理者和领导者来说，在情绪管理这个方面，其实是我们获得良好人际关系以及追随者的重要能力！**

推荐大家可以读一读《刻意练习》。其实，所有的技能训练都需要花费时间，它的底层逻辑包含几个步骤，我们一起来看一看！

第一步：方法（体系 科学）

第二步：训练（环境）

第三步：纠错（教练）

第四步：再训练（重复）

我从 2013 年踏入职场以来，大部分时间几乎都用于研究如何做好我的工作。比如，怎样让学员理解我所讲授的内容。仅当众讲话这本书，我就阅读了不下 8 遍，并且会去深究细节。就拿比喻式表达法来说，我专门花费时间学习、研究如何能够快速且精准地让别人认可你的底层逻辑！正是这样自我管理时间的习惯，让我不断获得学员的认可，到现在，自己的课堂能够得到学员的较高评价！讲课能够讲出脱口秀的感觉，甚至被学员称赞比央视的演讲者更加幽默风趣！所以，你的时间投入在哪里，成果就会出现在哪里！

马云曾说，男人的格局都是被委屈撑大的。我认为，管理者和领导者的格局与成功，也都是由自我驱动、自我学习、自我管理、自我批评造就的！

讲真话，对事不对人，不做老好人

□ 李思雅

在新励成，我们对员工和管理者有着明确的职业素养要求，那就是要做到讲真话，对事不对人，不做老好人。这些要求对于减少内耗、提高工作效率、降低内部冲突以及增强团队凝聚力而言，是必不可少的。同时，它们也是构建良好职场人际关系的基石。

这些素养不仅有助于个人建立和谐的人际关系，还能提升个人在团队协作中的效率与质量，从而为个人的职业发展奠定坚实的基础。并且，直接关系到组织的运作效率和内部协调程度。此外，讲真话、对事不对人的原则能够促进组织内部的良性沟通与合作，有益于组织内部的信息流通和问题解决。再者，不做老好人这一要求的提出背景和动机，能够帮助员工更好地理解和把握组织的发展方向，以便更好地为组织的目标和使命贡献自身力量。

讲真话是一门艺术，需要巧妙地平衡真实性与尊重他人的策略。在实际工作中，讲真话的前提是明确沟通目标，是动机至善，私心了无的真诚表达。在表达真实想法的同时，尊重他人的感受，这是一个需要深思熟虑的问题。

讲真话，如果被简单粗暴地理解为有话直说，而全然不顾沟通对象的可接受程度、沟通的语境和场合，那就极易引发问题。我们常常会面临需要表达真实想法的情形，但这并不意味着可以完全不顾及他人的感受。**恰恰相反，真实性应当与尊重相融合，以确保沟通的有效性和积极性**。

比如，在面对团队合作中出现的问题时，可以坦诚地阐述自己的观点，但同时要留意用词的恰当性，避免伤害他人的自尊心。这种平衡策略有助于营造良好的沟通氛围，推动问题的解决和团队的协作。

在表达自身真实想法时，要学会尊重他人的观点和感受，特别是在遇到分歧或冲突的时候。尊重并非意味着默认对方的观点，而是展现出对他人的理解与包容。在沟通中，可以通过认真倾听、提出建设性的反馈以及尊重对方的决策来体现尊重。这种平衡策略有利于建立良好的人际关系，增强团队的凝聚力和合作效率。

在不同的情境下，可以运用不同的沟通方式来平衡真实性和尊重。例如，在正式的会议上，可以通过列举事实和数据来支撑自己的观点，以此展现真实性；而在私下的交流中，则可以更加注重情绪的表达以及对他人观点的尊重，从而建立更为密切的关系。灵活运用各种不同的沟通方式，有助于更好地平衡真实性和尊重，进而实现高效沟通与交流。

说到这里，可能会有人产生疑惑：是不是讲真话就意味着不能得罪人？是不是意味着需要拐弯抹角或者阿谀奉承？答案显然是否定的。我们所倡导的尊重和平衡策略，更多地体现在基于充分理解沟通目标以及以解决问题为基础，去探寻最为恰当的沟通方式，以达到最佳解决问题的效果和营造良好的公司内部沟通氛围。

在新励成，讲真话、对事不对人的原则极其重要。我们的行为准则将讲真话置于首位，原因在于真实的沟通表达，是保证目标不出现偏差的基础。只有这样，才能让员工在良好的沟通氛围中，愿意为工作目标提出最为真实的想法和意见，从而使公司内部人人都敢于为工作目标发表自身的见解。而讲真话之后紧跟着的"对事不对人"，则是对内部沟通和处事氛围更进一步的要求。

对事不对人是一种关键的沟通原则，指的是在处理问题或进行评价时，聚焦于具体的事情本身，而非针对个人的特点、性格、背景等。这种方式以客观、公正的态度对待事情，避免因个人情感或偏见而影响决策和评价。

对事不对人有助于保持客观公正，促进理性的讨论和提升解决问题的效率，同时减少人际关系的冲突和情绪化的反应。在工作乃至生活中，我们都容易因为对不同人的主观既定印象，而在处理或沟通事情的过程中带有或正面或负面的主观感受和评价，这便是我们常说的带有主观评价。然而，我们给员工提出"对事不对人"的行为准则，实际上是要求我们在工作中尽可能地弱化或剔除这些主观的既定因素，做到就事论事，摆事实、讲依据，保证客观公正。只有这样，才能进一步提升公司内部的工作沟通和管理效率。

那么，如何做到这一点呢？我们有以下几点建议：

首先，分清事情的本质。在处理问题时，要尽力将注意力集中在事情本身，而非个人的身份或特点。要对事情进行全面分析和理解，最大限度地摒弃个人情感和偏见的干扰，以客观的态度评判事情。

其次，提倡理性的讨论。在讨论和决策过程中，要鼓励和倡导理性地探讨。引导大家以事实和逻辑为基础，以理性和客观的态度进行讨论，避免情绪化的反应和主观性的评论。

再次，尊重他人的尊严和价值。在与他人交往时，要尊重他们的尊严和价值。不以个人攻击和指责他人的方式来处理问题，而是尊重他们作为个体的权益和尊严。这种方式能够促进彼此之间的理解和尊重，构建良好的人际关系。

最后，培养自我反思的能力。在处理问题和评价他人时，要培养自我反思的能力。及时审视自己的言行，思考自己的情感以及是否有私心或偏见影响了对事情的判断。始终保持客观公正的态度，以提升自身的价值观和道德观。

总之，对事不对人是一种重要的沟通原则，对于维护公平正义、提高问题解决效率、促进良好的人际关系以及培养正确的价值观和道德观，都具有重大意义。在工作和日常生活中，我们应积极践行对事不对人的原则，以客观、公正的态度去面对问题和对待他人，构建和谐、理性和公正的工作沟通环境。

最后，我们来探讨一下"不做老好人"这一行为准则。这更多的是对管理者提出的关于正面沟通和始终保持一致性表达及处事风格的要求。

管理者在组织中扮演着举足轻重的角色，他们不仅需要管理团队成员，更要成为出色的领导者和激励者。然而，许多管理者常常陷入老好人的角色中，无法有效地管理团队，从而阻碍了团队的发展和取得卓越的成果。

那么，在探讨如何超越老好人角色、实现有效团队管理之前，我们先来分析一下老好人管理者主要的困扰与问题。

其一，缺乏批评和反馈能力。老好人管理者往往由于害怕伤害团队成员或破坏关系，而不愿意给予批评和反馈。然而，缺少批评和反馈会导致团队成员无法察觉自身的不足，难以及时调整和改进，最终对整个团队的绩效产生不利影响。

其二，团队成员缺乏动力和成长机会。老好人管理者通常倾向于过度保护团队成员，不愿意给予挑战和成长的机会。这使得团队成员缺乏动力和成长的空间，无法充分发挥自身的潜力，进而影响团队整体的发展和创新。

其三，绩效不公平和团队士气下降。老好人管理者往往难以作出公正的绩效评估和奖励分配，他们可能会过度偏向某些团队成员，导致其他成员心生不满，团队士气随之下降。缺乏公正的绩效评估也会削弱团队成员的积极性和工作动力。

　　针对上述问题，作为管理者，要超越老好人角色，实现有效的团队管理，可以参考以下方法：

　　首先，建立坦诚的沟通渠道。与团队成员建立坦诚的沟通渠道是超越老好人的首要步骤。管理者应当鼓励团队成员分享意见和反馈，提供正面且建设性的批评，并且促进团队成员之间的相互交流和倾听。坦诚沟通有助于建立良好的工作关系和信任，提升团队的协作效率。

　　其次，设定明确的目标和绩效标准。管理者应该与团队成员共同设定清晰明确的目标和绩效标准，确保每个成员对工作的期望和要求达成一致。明确的目标和绩效标准能够帮助团队成员更好地理解自己的角色和职责，提高工作的准确性和效率。

　　再次，提供成长和发展的机会。超越老好人角色的管理者应当鼓励团队成员持续学习和成长，为他们提供培训和发展的机遇。这不仅能够激发团队成员的积极性和动力，还可以提升他们的技能和能力，为团队的长远发展奠定基础。

　　最后，进行公正的绩效评估和激励。管理者需要构建公正的绩效评估体系，对团队成员的工作进行客观评价，并依据表现给予恰当的奖励和激励。公正的绩效评估能够激发团队成员之间的良性竞争心理，推动团队整体的进步和成长。

作为管理者，不能局限于老好人的角色，而应当超越自我，实现有效的团队管理。通过建立坦诚的沟通渠道，设定明确的目标和绩效标准，提供成长和发展的机会，以及进行公正的绩效评估和激励，管理者能够激发团队成员的潜力，引领团队朝着共同的目标奋勇前进，取得卓越的成果。只有这样，管理者才能真正成为优秀的领导者，带领团队获得长久的成功。

新励成对员工提出"讲真话，对事不对人，不做老好人"的行为准则，既是对员工基本职业素养的要求，也是对内部营造高效开放工作沟通氛围的期望。这样的行为准则能够增强每位员工的职业素养，赢得他人的尊重和信任。同时，能够避免员工在企业内部的管理和沟通中只顾及自身利益，防止工作陷入低效内耗的状态。我们始终以"讲真话，对事不对人，不做老好人"的行为准则来要求自己，企业的工作沟通氛围将会越发顺畅，人才的成长和发展也将得到更为高效的提升。

永远要相信，你做的事情别人一定都知道

□ 吴美玲

4月，清明时节雨纷纷，万物复苏，春意盎然，可谓最美好的四月天。此时，不禁让人想起一句民间俗语："人在做，天在看，举头三尺有神明，善恶终将有报。"一方面，它是在警告那些作恶多端的人，不要肆意妄为，因为总有一天会"恶有恶报"，多行不义必自毙；另一方面，也是在鼓舞善良的人们，做好事大家都会看在眼里，心怀敬意，"善有善报"是必然的。它告诫我们做事要无愧于天地，无愧于自己的良心。

无论你在做何事，身处何地，都要坚信他人必定会看到并知晓你的所作所为。在我们生活的这个文明社会，存在着一种无形的力量，那便是"公众的眼睛"。它让我们无处可逃、无法隐瞒自己的行为，唯有以真诚和真实来面对自己与他人。

　　不知道大家在生活中是否遇到过这样的情形，比如小时候的自己，或者如今自己的孩子。我记得小时候，常常在家里做些顽皮捣蛋的事，总以为父母不在家就能够尽情"撒野"。但每当父母归来，他们总能察觉到我的举动，即便没有目睹，也能通过种种蛛丝马迹判断我是否做了坏事。那时，父母不会立刻指责，而是引导我还原事情、承认错误。那时的我，总觉得父母太过神通广大。可当自己长大后，才深切体会到父母的智慧和爱的力量，让我明白不能耍小聪明，也无法瞒过父母，而父母给予了我诚实面对的机会，他们是我人生的第一位导师。

　　当我们从家庭走向学校，再踏上工作岗位，甚至活跃在社交媒体中，我们的一举一动都会被他人留意、评价甚至传播。在日常的工作与生活中，与人交流沟通时，切不可自作聪明。当你试图欺骗对方，对方可能出于给你留面子而不当场揭穿，选择顺着你的话过去，但这绝不意味着别人傻，以为自己成功骗到了别人，其实只是人家不想拆穿而已，是人家的情商比你高。要知道，谁都不比你笨，谁也不比谁傻，你觉得能忽悠别人，别人只是让你忽悠一下，给你个面子，可你还自以为聪明。而从另一个角度来看，你所付出的任何努力，也许并非在整个过程中都有人在旁边为你鼓掌、加油，但只要你为客户、为每一件事全力以赴，久而久之，领导、客户和同事都会看在眼里。你所走过的每一步都作数，大家的眼睛是雪亮的。

　　相信别人一定都知道你所做的事情，这有助于我们树立正确的自我形象。无论是个人还是组织，都需要重视并维护自身的形象。当我们有了这样的信念，在言谈举止上就会更加注重细节，努力展现出积极、阳光的一面。

　　以新励成为例，作为新励成人，我们是新励成形象的建设者与传播者。面对学员和市场，我们始终秉持着以学员为中心的理念。比如，新励成这些年举办的卓越会，凡是卓越学员都可以免费加入。我们会安排众多讲师，免费提供各种各样丰富多彩的活动，为大家搭建更多演练和展示的平台。还有我们举办的全国演讲大赛，全国有数千名学员参与，我们没有收取一分钱的报名费，而是拿出利润为学员提供展示自我的舞台。其他同行或合作机构都感到惊讶，如此大规模的学员活动，耗费不少资金，新励成竟然不向学员收取报名费或活动费。

　　最近，我们在江西和君小镇开展了为期两天一夜的卓越学员服务活动，活动反响极为出色。在交流中，学员向我分享了活动中的诸多收获，并表示以后这类活动即使交钱也愿意报名参加，支持新励成持续开展学员提升活动。其实，即使我们不说，学员也能够真切地感受到新励成为学员成长所付出的真心，看到每一位新励成人为学员所做的努力。也许这个过程对我们来说并不轻松，可能承受了一些委屈和不理解，但我们坚定不移地去帮助学员成长。我们所做的一切，终将会被他人看见。

特别是在当今这个信息爆炸的时代，任何事情都难以长时间被隐藏。无论是位高权重的高官，还是普通的百姓，我们的一言一行都会被放大、曝光，成为众人议论的焦点。所以，我们必须时刻铭记"永远要相信，你所做的事情别人一定都知道"，保持透明、诚实的生活，不给自己留下懊悔的余地。

总之，我们要时刻提醒自己，不忘初心，做一个真诚、正直的人。无论何时何地，都要相信自己的行为会被他人所关注，并且要对自己的行为负责，努力成为一个值得信赖的人。因为在这个世界上，永远都有无数双眼睛在注视着我们，促使我们成为更好的自己。

比如，在工作中，我们对待每一项任务都应全力以赴。有时，或许为了完成一个项目，我们需要连续加班，付出大量的时间和精力。在这个过程中，可能没有人会时刻在你身边赞扬你的努力，但当项目成功完成，为公司带来显著的效益时，大家都会对你的付出表示认可和尊重。这并非一时的荣耀，而是长期积累的口碑和形象。

又如，在社会生活中，参与志愿者活动，默默地为需要帮助的人提供服务。你的付出可能不会立即得到广泛的宣扬，但那些受到帮助的人会铭记在心，周围的社区也会逐渐了解你的善举，从而传递出正能量。

再如，在家庭中，为家人默默付出，照顾长辈、关爱晚辈，虽然这些日常的关怀可能被视为理所当然，但家人内心深处是明白你的爱的。

所以，无论是在工作、社会还是家庭中，我们都要始终保持良好的品行和积极的态度。因为**我们所做的一切，终会被他人知晓，而这些积累起来的声誉和形象，将伴随我们一生，成为我们最宝贵的财富**。

让我们时刻保持清醒，用行动诠释真诚与正直，用付出书写美好的人生篇章。相信在这双"公众的眼睛"的监督下，我们都能成为更优秀、更值得尊敬的人，为自己和周围的世界带来更多的光明与温暖。

如果上级不采纳我的建议，
我选择像军人一样无条件服从

□ 邓晓颖

　　企业文化是一个企业的灵魂，将企业员工的力量紧紧凝聚，有力地推动着企业不断向前发展。在企业文化中，员工的建议发挥着至关重要的作用。我们深知，员工的建议能够为企业引入新的思维，激发创新活力，进而提升企业的竞争力。然而，当个人的建议未能被上级采纳时，如何应对这种情况，是每一位员工都必须直面的问题。

　　在企业内部，上级决策的重要性不言而喻。上级的决策往往与企业的长远发展以及整体利益息息相关。所以，尽管员工的建议弥足珍贵，但这并不意味着能够取代上级的决策。上级在做出决策时，会综合考量诸多因素，涵盖企业的战略目标、市场环境、资源状况，等等。因此，员工的建议未被上级采纳，并不能说明上级的决策有误，而是上级在经过更全面、更深入思考权衡之后所做出的抉择。

在我们深入探讨这一话题之前，有必要明确建议与服从之间的关系。建议是基于专业知识、经验以及创新思维而对工作提出的改进意见，而服从则是职场中必须遵循的基本准则。当建议未被采纳时，我们应当保持沉着冷静，理解上级的决策，并且要像军人一样做到无条件服从。

那么，究竟什么是军人的服从精神呢？军人的服从精神指的是军队成员在履行职责的过程中，对上级的命令、指示以及决策毫无条件地执行。这种精神彰显了军人的纪律性和忠诚度，是军队凝聚力与战斗力的重要源泉。所以，无条件服从并非简单地放弃思考，而是对权威和层级结构表达尊重。

当每一位成员都能够遵循上级的决策，整个组织就会凝聚成一个强大而有力的整体，在面对挑战时能够迅速、高效地做出反应。反之，过度强调个人意志以及建议的采纳，很可能导致组织内部产生分歧和混乱，进而影响整体的效能。无条件服从不仅是一种职业态度，更是一种职业素养和责任感的体现。它要求我们在面对未被采纳的建议时，能够保持冷静和理性，不将个人情绪带入工作之中，而是专注于执行任务、履行职责。这样的态度有助于我们在职场中树立良好的形象，赢得他人的尊重与信任。

当然，我们也要清楚，在职场当中，向上级提出建议是员工的一项基本职责。然而，怎样才能让建议被采纳并转化为实际的成果呢？以下是一些实用的建议：

首先，了解上级的期望。在提出建议之前，我们应当先明晰上级的工作目标和期望，确保建议与上级的期望保持一致。

其次，关注组织的战略目标和发展方向。我们的建议应当紧密围绕组织的战略目标和发展方向，保证建议能够为组织的长期发展贡献力量。

最后，积极寻求反馈和意见。在提出建议时，我们要注重与上级进行有效沟通。可以通过面对面交流、书面报告等方式，清晰地阐述建议的背景、目的、内容以及预期效果。同时，我们还要耐心倾听上级的意见和反馈，以便及时对建议进行调整和完善。

当建议未被采纳时，我们应当保持冷静、客观的心态。首先，我们要认识到上级的决策可能受到多种因素的制约，比如全局利益、资源限制，等等。其次，我们要理解上级的决策，尊重上级的选择。最后，我们要调整好自己的心态，保持积极向上的态度，继续为团队和组织贡献力量。当然我们也要知道，我们的建议未被接纳，并不意味着我们的努力和付出毫无价值。相反，我们应当积极寻求反馈并调整策略，持续完善自己的想法和方案。只有如此，才能在面对困难和挑战时保持沉着冷静，为公司的发展贡献自身的力量。

回到职场中无条件服从这个话题，我们要明白，无条件服从并非一种绝对的规则或原则。在职场中，我们还需要依据实际情况和具体问题进行具体分析，灵活应对各种挑战和变化。**只有在尊重上级决策的基础上，充分发挥自身的主观能动性和创造力，我们才能够在职场中收获更优异的成绩和实现更好的发展。**

因此，当我们面临上级不采纳建议的情况时，要保持冷静和理性，选择像军人一样无条件服从。同时，我们也要不断学习、提升自我，保持独立思考和创新的能力，为组织和个人的发展贡献更多的能量。

就像《士兵突击》中的许三多，当他被连长安排去修路时，面对地势险要、条件艰苦、修路工作异常艰巨等困难，许三多没有丝毫怨言，也没有退缩之意，他默默地拿起工具，踏上了漫长而艰辛的修路征程。他把自己弄得伤痕累累，却依然坚持不懈。历经无数个日夜的辛勤耕耘，许三多终于圆满完成了修路任务。当他目睹自己的劳动成果时，脸上绽放出满足和欣慰的笑容。他的付出没有白费，他的努力得到了应有的回报。他的坚持不仅赢得了连长的认可，也赢得了战友们的钦佩。

无论您现在从事何种工作，处于怎样的岗位层级，在任何时刻，都应当保持一个"空杯"的心态，放下身段，积极学习和接纳新鲜事物。在全球化的大背景下，跨文化交流越发频繁，职场中的挑战与机遇交织并存。面对上级未采纳的建议，我们选择像军人一样无条件服从，这是一种尊重和敬业的彰显。同时，我们也要积极寻求反馈、调整策略、提升自身能力，期望在未来的工作中更出色地发挥自己的作用。通过尊重与自我实现的平衡发展，我们能够在职场中斩获更出色的成绩，实现更长远的发展。

沟通最差的境界就是不沟通，
低效率的表现就是信息不对称

沟通，宛如一座架设在人际交往中的坚实桥梁，而主动沟通，则无疑是这座桥梁上那颗最为璀璨耀眼的明珠。它绝非仅仅是一种单纯的交流技巧，更是一种积极向上的生活态度，一种勇敢直面人生百态的豪迈姿态。

身处这个节奏迅猛、压力如山的现代社会，主动沟通的重要性越发凸显，其意义重大且影响深远。它宛如一支神奇的魔法棒，能够巧妙地消除人与人之间的误解，犹如基石般稳固地建立起信任的大厦，有力地促进合作的达成，显著提升工作的效率，甚至拥有足以改变命运的神奇力量。

那么，在沟通这一基础之上，再融入"主动"这个关键元素，是否会让沟通产生截然不同的效果呢？答案是肯定的。因为主动沟通，实则是一种源自内心深处的强大驱动力，它促使着我们去努力理解他人，同时也促使他人更好地理解我们。主动沟通的重要性不言而喻，其对于改善人际关系有着极为显著的作用。当我们积极主动地去了解他人，毫无保留地表达自己内心的想法和真切感受时，我们便能够构建起更为牢固、更为深厚的信任关系。

在工作团队的环境中，主动沟通发挥着举足轻重的作用。它能够确保信息如同清澈的溪流般畅通无阻，最大限度地减少误会和冲突的滋生，显著提高团队整体的协作效率。想象一下，一个团队中的成员们能够主动分享工作进展、交流遇到的问题以及共同探讨解决方案，这样的团队必然能够凝聚强大的力量，朝着共同的目标奋勇前进。

主动沟通还为我们解决问题提供了高效的途径。通过主动提出问题、深入分析问题并提出切实可行的解决方案，我们能够有效地规避问题的积累与扩大。比如在项目推进过程中，成员们主动沟通潜在的风险和困难，及时调整策略，从而保障项目顺利进行。

在学习的漫漫征程中，主动提问和积极参与讨论能够极大地加深我们对知识的理解和记忆，促进知识在内心深处的内化。当我们勇敢地向讲师和同学请教，与他们共同探讨学术问题时，知识的火花在交流中碰撞绽放，我们的思维也在这一过程中得到了拓展和深化。

主动沟通更能够有力地促进个人的成长。当我们勇于表达自己的观点和见解时，实际上是在不断锤炼自己的思考和表达能力。这种能力的提升，对于个人的职业发展和丰富多样的社交活动都具有无法估量的珍贵价值。它使我们在面试中能够清晰自信地展示自己的优势，在商务谈判中能够准确有力地阐述观点，在社交场合中能够自如地与人交往。

高效沟通，在现代社会中已然成为一项不可或缺的关键技能，尤其是在快节奏、高强度的工作环境里。无论是与并肩作战的同事交流，还是与身居高位的上级汇报，抑或是与至关重要的客户沟通，能够清晰准确、明明白白地表达自己的想法和需求，同时敏锐地理解对方的观点和反馈，这一切都显得至关重要。

在《高情商沟通》课程的"海上救生"游戏中，设定是寒冬里一艘游艇载着 8 名游客遭遇海难，游艇严重漏水，10 分钟后就会沉没，救援直升机每次仅能救 1 个人，8 名游客为此争论谁先获救。

游戏伊始，大家先自行抉择。第二轮是团队讨论并要得出统一答案，所有人填写的数据必须相同，还得在规定时间内完成。

活动结束后，讲师邀请小组分享。A 小组由 5 人组成，其中一位组员的答案与讲师的近乎一致，可其他成员的答案却截然不同。深入了解才发现，在讨论过程中，这位组员一直未主动表达过自己的想法，导致其他组员根本不知道她的答案。而组长和其他组员也没有主动询问她的意见，最终小组未能达成一致，结果不尽如人意。B 小组同样是 5 人，也出现了分歧，形成了 2 人和 3 人的两个阵营，各自持有不同答案。由于谁也无法说服谁，大家又都不主动协商，最后干脆放弃沟通，两极分化严重，最终两个团队的成绩都不理想。

这两个团队的经历深刻地揭示了在团队协作中，有效沟通、积极协商以及主动表达观点的重要性。倘若成员之间能够更加注重交流与合作，而非各自为政、互不倾听，也许结果就会截然不同。这也警示我们，在面对团队任务时，要摒弃个人主义，以开放的心态进行充分且积极的沟通，才能实现团队的共同目标，取得令人满意的成果。

在企业管理中亦是如此，在部门不断细化、人员持续扩大的情况下，我们所处的角度各不相同，沟通的维度也随之增多。然而，如果选择不沟通，将问题搁置一旁，最终必然会对效率产生严重的影响。

我们需要清楚地认识到，部门沟通实际上是组织内部中，不同部门之间为了实现共同的目标、交换关键信息、协调宝贵资源以及合作解决复杂问题而进行的交流活动。有效的部门沟通对于提高组织的整体效率、促进团队之间的紧密协作、增强创新的能力以及成功应对复杂多变的挑战，都具有至关重要的意义。

在此，为大家提供一些行之有效的方法：**首先，在沟通之前，务必清晰明确自己的目的。**在开启任何一次沟通之前，首要的任务就是清晰地界定沟通的目的究竟是什么。您希望通过这次沟通达成怎样的具体结果？是解决棘手的问题、分享重要的信息、还是做出关键的决策？**其次，在沟通时，要运用简洁、明了的语言表达自己的观点。**尽量避免使用晦涩难懂的行业术语或复杂烦琐的词汇，除非您能够确定对方能够完全理解。再者，沟通当中不仅要有精彩的表达，还需要进行有效倾听。沟通并不仅是单方面的诉说，更为关键的是认真倾听。积极倾听对方的话语，并尝试从他们的角度去理解问题，这将有助于建立起信任和尊重。同时，要格外注意自己的肢体语言、面部表情和语调。因为这些细微之处都能对信息的接收方式产生重要的影响。**最后，要做到及时反馈。在沟通过程中，务必确保对方准确理解了您的意**

图，并鼓励他们提供宝贵的反馈。这可以通过巧妙地提问或者让对方重述您的核心要点来实现。

当然，在沟通时，如果能够提前了解对方的性格特点以及独特的沟通模式，那将会是锦上添花。每个人都拥有自己独一无二的沟通方式，仔细观察并适应对方的风格，给予相应的回应方式，不仅能够展现出自己的高情商，还能够让信息的共识达成更加高效。

最后要和大家强调的是，关于沟通的工具选择。能面对面交流就不打电话，能打电话和语音就不微信文字，能微信文字就不发邮件。当然，如果有必要进行确认，再使用邮件来确认。同时着重指出，邮件是最为正式的沟通方式，但不要将沟通的整个过程都放在邮件中。

最后，我想和大家分享的是：沟通的艺术并非在于言辞的华丽绚烂，而在于成功搭建起心灵沟通的桥梁。当沉默成为我们唯一的选择时，我们所错失的不仅是宝贵的信息，更是理解他人以及被他人理解的珍贵机会。别让不对称的信息成为低效率的代名词，勇敢地敞开自己的心扉，让积极的交流成为连接彼此心灵的坚固桥梁。

如果希望企业对我"人"性化，
我首先要做个企业化的"人"

☐ 梁梦宇

　　我们常常听闻有关人性化管理的种种方式，也有众多企业就员工人性化管理提出过独特见解。例如在 2003 年，全球通信市场陷入低谷，广东北电通信设备有限公司不得不大幅削减员工薪酬。然而，令人诧异的是，该公司员工的流失率仅维持在 2% 左右。这家企业究竟是如何在如此艰难的处境中，依旧保持员工的忠诚度与积极性的呢？后来人们发现，答案就在于他们切实地将"以人为本"的理念贯彻至每一处管理细节。

　　再来看国内的胖东来商贸集团有限公司。作为国内一流的商超，不少外地游客专门为体验其极致的服务，不远千里驱车前往当地采购。深入了解这个企业后就会发现，他们在员工福利方面做到了极致，还通过民主化管理与自我管理的方式，有效地激发了员工的创造力与工作热情。员工的收入在行业内遥遥领先，即使在四线小城市，员工月收入也非常可观。这种人性化管理不仅提升了员工的幸福感，也极大地推动了企业的发展。

当看到这两个案例时，有人不禁提出疑问：我知道要对员工人性化，可具体该如何实施？换句话说，如何让更多员工满意是个巨大的难题，毕竟永远有人会觉得不公平。企业对员工最大的人性化，是以奋斗者为本。在华为，对于奋斗者有三种定义：第一种是普通劳动者，这类人不接受出差、派遣，公司安排在离家近的地方，按时上下班，完成既定任务；第二种是一般奋斗者，他们通常能够接受出差和派遣，相应地，薪资待遇会有显著提高；第三种是卓越奋斗者，这类人真正能与公司同呼吸、共命运，对于公司的派遣义不容辞，或许短期内没有明显的待遇回馈，但相信公司绝不会让好人吃亏，这类人与公司价值观高度认同且同频，是企业所鼓励的。相信每一家企业都存在这三种人，每一类人也都有其存在的必要性。虽说普通劳动者为企业贡献的价值相对较少，但好在稳定；一般奋斗者具备高产出能力，能为公司带来高效益，不过跳槽的概率较大；卓越奋斗者是所有企业家所渴求的，所以呼唤更多卓越奋斗者成为每家企业的目标。

企业在寻觅职业化的人，员工在寻找人性化的公司，当两者相遇，便带来了一个新的课题：如何在企业中实现人性化管理与制度化管理的平衡与融合。企业若要营造既有温度又有力度的环境，就必须在制度化与人性化之间找到平衡。**借助科学的管理制度和人性化的关怀举措，企业不但能提高员工的工作效率，还能增强员工的归属感和满意度。**

在这方面，新励成做对了哪些事呢？很关键的一点在于企业文化自上而下的有效共识与践行。企业文化不单是企业的标识和象征，更是企业内部员工行为和态度的指引。一个成功的企业文化能够激发员工的认同感和归属感，进而提升工作效率与团队合作精神。新励成的核心价值观是以学员为中心，以奋斗者为本，这一价值观不只是企业的口号，更是员工日常行为的准则。

作为一名讲师，在授课过程中，我们始终牢记"轻伤不下火线"。前几日，我看到一张令人感动的照片，一位叫胡文骁的讲师，头上缠着厚厚的绷带，仍面带微笑地站在舞台上为同学们热情授课。后来得知，这位讲师在生活中意外受伤，去医院处理后便马不停蹄地回到教室继续讲课。这让我想起2023年6月，在我作为讲师岗位的最后一期课程中，我感染了新冠病毒，嗓子几乎沙哑到无法讲话。连续一周，我白天上课，下课后12点去急诊打点滴、做雾化，勉强能发声后，就为教室里的三位同学继续讲课。在我们讲师的信念价值观里，只要还能站起来，只要还能讲话，只要还有学员愿意听，课程就一定会正常进行。这份精神是每一位新励成人都具备的，没有人天生伟大，在高度职业化自律的环境中，每一位奋斗者不仅能收获学员给予的成就，也能实现自我精神的成就，这份事业因而更加蓬勃发展。

在企业文化建设中，管理层的带头作用至关重要。管理层不仅要以身作则，践行企业的核心价值观，还要通过各种方式向员工传递这些价值观。我们的董事长就是这样一位大家长，他曾一天奔波于三个城市，早上在上海，下午乘飞机回广州，在广州学训中心稍作停留，又奔赴佛山新励成为团队和学员赋能。是他用自己的实际行动，在每一位员工面前展现了实实在在的企业文化，让这份文化共识不流于表面、不成为空头支票。在新励成，每一位奋斗者都会得到高度的尊重，每一份奋斗的行为都会被铭记。此外，企业文化还能够影响员工的职业发展和成长。在新励成的企业文化中，会为员工提供各类培训和发展机会，助力员工提升技能和能力。例如，学习型春节、储备干部营、每月的新兵营，等等。通过内部培训、外部培训和职业发展规划，企业帮助员工不断提升自身的专业素养和职业能力，从而实现个人与企业的共同成长。

企业文化不仅影响员工的认同感，还直接左右员工的行为和工作态度。一个积极向上的企业文化能够激发员工的工作热情和创造力，从而提升企业的整体绩效。记得三年前我首次前往赣州学训中心，当时团队动荡，与总部的许多信息处于断层状态，于是我决定在此开展一场企业文化宣讲。当时有一个刚步入职场的女孩子听得格外认真，让我印象很深刻。后来赣州由一位非常"新励成"式、职业化的管理者黄校接手，整体运营逐渐好转。虽然曾经的一些讲师陆续离开，但那个女孩一直留了下来。她说对企业文化印象最深的一句话就是：如果希望企业对我"人"性化，我先做一个企业化的"人"。三年的时间，她成长迅速，如今已被破格提拔为赣州负责人，也印证了那句话：奋斗者才是企业化的人，而新励成从不让奋斗者失望。

除此之外，在注重合作的企业中，员工之间的沟通和团队精神尤为重要。通过建立良好的沟通机制和团队合作机制，企业能够促进员工之间的协作与互助，从而提升工作效率和团队凝聚力。比如，通过定期的团队会议和项目讨论，员工能够分享各自的经验和见解，共同解决工作中的问题与挑战。

特别需要强调的是，**企业文化绝不仅仅是公司表面的标语和口号，而是深深扎根于每一位员工内心深处的坚定信念和日常行为准则。只有始终关注员工的情感需求，合理且灵活地安排工作，不断创新管理模式，才能够切实提升员工的满意度和忠诚度。**

　　正如彼得·德鲁克所说："文化吃战略当早餐。"而在关于文化共识的重要性方面，我们应当深知："以奋斗者为本，这便是最大的人性化。成为卓越的奋斗者，方能称得上是企业化的人。"当企业真正将奋斗者视为根本，为他们提供发展的舞台和应有的回报，员工便能感受到人性的关怀与尊重，从而激发无限的创造力和忠诚度。而那些努力成为卓越奋斗者的人，他们积极与企业同呼吸、共命运，将个人的价值与企业的目标紧密结合，正是企业最需要的核心力量。最后希望每一位读到这本书的人，都能够在自己所在的企业中精心营造出卓越非凡的文化氛围，进而成就自身的辉煌人生和强大有力的团队！让我们以奋斗者为本，追求卓越，共同铸就企业与个人的美好未来！